Mengxiang Shijian

梦想·实践

贺兰山东麓产区

赵世华 编著

黄河出版传媒集团
阳光出版社

图书在版编目（CIP）数据

梦想·实践 / 赵世华编著. -- 银川：阳光出版社，
2024. 6. -- ISBN 978-7-5525-7335-0

Ⅰ. F416.82

中国国家版本馆CIP数据核字第 2024FX9249 号

梦想·实践　　　　　　　　　　　　赵世华　编著

责任编辑　李少敏
封面设计　赵　倩
责任印制　岳建宁

黄河出版传媒集团
阳光出版社　出版发行

出 版 人　薛文斌
地　　址　宁夏银川市北京东路139号出版大厦（750001）
网　　址　http：//www.ygchbs.com
网上书店　http：//shop129132959.taobao.com
电子信箱　yangguangchubanshe@163.com
邮购电话　0951-5047283
经　　销　全国新华书店
印刷装订　宁夏凤鸣彩印广告有限公司
印刷委托书号　（宁）0029710

开　　本　880 mm×1230 mm　1/16
印　　张　17.75
字　　数　200千字
版　　次　2024年6月第1版
印　　次　2024年6月第1次印刷
书　　号　ISBN 978-7-5525-7335-0
定　　价　169.00元

前　言

我从事葡萄酒、枸杞等产业研究工作 30 多年来形成了一个习惯，即工作过程中看到市县（区）、酒庄（企业）或农户与专业人员在实践中创造的好业绩、采取的先进技术、积累的丰富经验等，或在参加国内外考察活动及相关会议后有所感悟，都要结合宁夏实际随手记上几笔，这促使我对看到的现象进行分析思考，再归纳总结。2020 年，我参与承担中国工程科技发展战略宁夏研究院重大战略咨询项目"宁夏贺兰山东麓葡萄酒产业发展战略研究"，项目组同人建议我把这些年来从事宁夏葡萄酒产业发展工作的研究记录进行梳理，作为项目研究内容，为下一步谋划高质量发展提供参考。项目组成员对 70 多篇文章进行认真分析整理，筛选出 50 多篇集结成册，所收文章具有"短、实、新"的特点，因此起名为《梦想随笔》。全书反映了宁夏贺兰山东麓葡萄酒产区的成长历程及葡萄酒产业发展规律、葡萄酒相关知识与市场发展态势，既可以帮助酒庄生产经营者、消费者及葡萄酒专业人员了解产区发展历史、风土文化，也能指导葡萄酒产业发展和高校人才培养，还可以帮助读者了解中外葡萄酒产业情况。

宁夏葡萄酒产业起步于 20 世纪 80 年代，宁夏农垦玉泉营农场种植了用于酿酒的龙眼葡萄。1986 年，建成了宁夏农垦玉泉营葡萄酒厂，酿制了宁夏第一瓶葡萄酒。2004 年，立足宁夏发展实际，结合国内外葡萄酒产业发展态势，自治区人民政府出台了《关于加快葡萄产业发展的实施意见》，制定了分步走的发展对策，实现了葡萄基地与酒庄（企业）的快速增长，展现出很大的资源禀赋、品质优势及市场潜力。2010 年 11 月，自治区人民政府提出建设贺兰山东麓百万亩葡萄文化长廊的发展思路，并由自治区发改委牵头制定了葡萄酒产业融合发展总体规划。

2012 年 3 月，以自治区林业产业发展中心为基础，在自治区林业局成立了自治区葡萄花卉产业发展局，推进总体规划的落实。2015 年 2 月，在自治区葡萄花卉产业发展局的基础上，组建了宁夏贺兰山东麓葡萄产业园区管理委员会（自治区葡萄产业发展局），从自治区林业厅独立出来，作为自治区党委和政府的派出机构。管委会对贺兰山东麓葡萄产业及文化长廊建设实行统一领导、统一规划、统筹建设、协调管理，并赋予地、市级部分经济管理职能。

2020 年 6 月 9 日，习近平总书记来宁夏视察时在志辉源石酒庄指出："随着人民生活水平不断提高，葡萄酒产业大有前景。宁夏要把发展葡萄酒产业同加强黄河滩区治理、加强生态恢复结合起来，提高技术水平、增加文化内涵，加强宣传推介，打造自己的知名品牌，提高附加值和综合效益。""假以时日，十年、二十年，中国葡萄酒'当惊世界殊'。"2020 年 6 月，自治区党委要求坚决贯彻落实习近平总书记的重要指示，充分发挥产区优势、市场优势、生态优势，积极参与"两个循环"，把贺兰山东麓打造成为闻名遐迩的"世界葡萄酒之都"。自治区党委、政府把葡萄酒产业作为自治区九大重点产业之一强力推进，出台了《宁夏葡萄酒产业高质量发展实施方案》，全面推进葡萄酒产业高质量发展，让宁夏的葡萄酒香飘全国、走向世界。

2021年5月，国务院同意建设宁夏国家葡萄及葡萄酒产业开放发展综合试验区，农业农村部、工业和信息化部与自治区人民政府发布了建设总体方案，将宁夏葡萄酒产业发展升级为国家战略，这是宁夏葡萄酒产业高质量发展的一个历史转折点。

中国葡萄酒产业在国际化竞争中成长，市场潜力巨大。有别于世界新旧葡萄酒国家，中国应适应本国消费者的需求，做世界葡萄酒第三极。宁夏葡萄酒产业抢抓机遇、快速发展，经历了三个发展阶段，即2004年前的20年是引进试验、示范探索发展阶段，2005—2014年的10年是快速增长、基地规模化、酒庄（企业）集群形成阶段，现已进入品牌化、高质量发展、三次产业融合的现代化发展阶段。现阶段面对国际葡萄酒快速进入国内市场、国产葡萄酒连续10年（2013年开始）产量减少的双重压力，宁夏葡萄酒产业要高质量发展，必须坚持葡萄酒中国化方向，在创新发展、融合发展、品牌发展上寻求突破，产区或酒庄要分类制定转型升级的技术措施及方案，推动葡萄酒品质和品牌双升级，酿造中国最优质葡萄酒，打造世界知名葡萄酒产区。

创新发展理念，提出拓展国内外市场的方案，立足现有酒庄（企业），培育领军企业、龙头企业，特别是知名规上酒庄，引进大品牌与资本整合现有的产区优势资源，协同发力，培育10~20个能带动宁夏产区规模扩大的大酒庄、大品牌、大单品，占有国内外主要消费市场；同时培育一批能代表产区风土的精品酒庄集群，进入国内外葡萄酒高端市场，实现大众消费与高端消费同时发力。宁夏的实践证明，葡萄酒产业链是碳汇系统，可以提升资源利用率，促进近40万亩荒地变绿洲，成为生态保护修复的典范。宁夏建立了宁夏产区中国化葡萄酒教育推广体系，讲好贺兰山东麓葡萄酒故事及产区风土文化故事，让消费者知道宁夏能产出中国最优质的葡萄酒，让消费者了解与喜欢宁夏葡萄酒的主要品牌和风格特点；还培育了一批葡萄园美观、葡萄酒优良、功能完善的旅游酒庄、葡萄酒小镇，固化产区特色与品质，在三次产业融合中增强宁夏产区品牌的影响力。

本书收录的文章记录了葡萄酒产业不同发展阶段的问题，也提出了解决问题的办法，具有一定的历史性、可读性、指导性与实践性。文章体现了对葡萄酒产业发展、葡萄酒品鉴、品牌培育、酒庄建设、市场宣传等方面工作的思考，许多思考来源于实践，来源于宁夏葡萄酒产业发展过程。

《把握宁夏葡萄酒产业发展规律》《把优质原料基地建设放在首位》《消费者需要多样化葡萄酒》《优质葡萄酒需要历史文化积淀》《葡萄酒市场需要品质与品牌双驱动》《提升产区酒庄品牌与综合效益》《加强葡萄酒产业智能化管理》7篇文章是同宁夏大学徐伟荣、金刚、马雯、王锐、徐美隆、仇瑞、李茹一等年轻博士，宁夏贺兰山东麓葡萄酒产业园区管理委员会崔萍、李文超、苏丽等同志，以及张军翔教授、陈卫平研究员、张晓煜研究员、张红梅教授等共同讨论写作的，回答了2020年以来社会上关心的宁夏葡萄酒产业发展中的一些问题。这也是中国工程科技发展战略宁夏研究院重大战略咨询项目"宁夏贺兰山东麓葡萄酒产业发展战略研究"的成果。这50多篇文章虽然都以工作总结、课题研究、调研报告等形式形成，但每一篇文章都围绕贺兰山东麓葡萄酒产区发展的关键节点展开论述，对葡萄酒产业发展规律的认识具有较强的时代性、针对性、地域性。

　　2022年，我有幸被聘为宁夏大学"贺兰山学者"、宁夏国家葡萄及葡萄酒产业开放发展综合试验区专家委员会委员、银川市高质量发展智库特聘专家等，受聘期间我对《梦想随笔》中的文章做了进一步修订完善，并收录了2014年《中国林业产业》杂志特邀我写的关于果酒、枸杞的文章。我与西北农林科技大学李甲贵教授，宁夏大学张军翔、李明、毛凤玲、金刚教授，宁夏贺兰山东麓葡萄酒产业园区管理委员会产业处冯彦彪、王铁亿等同志，在 2022 年 8 月完成了自治区党委农办交办的"六特"产业调研任务，并形成调研报告《宁夏葡萄酒产业高质量发展》；在宁夏大学葡萄酒与园艺学院履职时做了题为《中国葡萄酒产业》《教授应该到社会生产实践中去》的学术报告；还受北京大学光华管理学院徐菁教授邀请给该院 MBA 班学员介绍宁夏葡萄酒产业，形成学术报告；完成银川市高质量发展智库专家项目，形成报告《推进银川市葡萄酒产业高质量发展的几点建议》；在 2023 年中国乡村特色优势产业发展峰会酿酒葡萄与葡萄酒产业发展论坛上做了题为《中国葡萄酒从宁夏走向世界》的报告；考察了山东、北京、河北、云南、新疆葡萄酒产区，形成了考察报告，并将部分报告收录在《梦想随笔》中。截至 2023 年 6 月，《梦想随笔》共内部印刷 3 次，合计 800 册，都被从业者惠存，由此看来，本书确有参考价值，受到读者欢迎。应酒庄企业、学者等的要求，我决定将《梦想随笔》更名为《梦想·实践》，并正式出版。

赵世华

2023 年 7 月于银川

目录 CONTENTS

新时代中国葡萄酒突围的路径 / 001

葡萄酒产区风土与品种 / 016

优质葡萄园建设与升级 / 022

葡萄酒产业进入新阶段 / 025

推进葡萄酒产业创新发展 / 029

崛起中的贺兰山东麓产区 / 033

聚力高质量发展，深耕葡萄酒品牌 / 040

用"六个精准"推进葡萄酒高质量发展 / 049

新时代宁夏葡萄酒产区的定位 / 053

把握宁夏葡萄酒产业发展规律 / 055

把优质原料基地建设放在首位 / 058

消费者需要多样化葡萄酒 / 062

优质葡萄酒需要历史文化积淀 / 066

葡萄酒市场需要品质与品牌双驱动 / 071

提升产区酒庄品牌与综合效益 / 074

加强葡萄酒产业智能化管理 / 078

对打造贺兰山东麓葡萄酒产业长廊的思考 / 083

宁夏葡萄酒产业发展的机遇与挑战 / 091

中国最大的酒庄酒产区 / 098

国内葡萄酒市场座谈会 / 101

中国葡萄酒市场白皮书 / 103

中国进口葡萄酒 / 106

酒庄（企业）要用好新媒体 / 109

酒庄（企业）做响葡萄酒品牌 / 112

酒庄建设定位与功能布局 / 116

用体验促葡萄酒消费 / 120

葡萄酒陈年潜力 / 123

葡萄酒品鉴方法 / 125

葡萄酒与中国菜 / 129

宁夏产区葡萄与葡萄酒高级研修班 / 131

西夏王酒业新酒品鉴会 / 134

长城天赋酒庄品牌战略发布会 / 136

葡萄酒主要赛事与评奖 / 138

莫斯塔尔经贸博览会 / 142

成都糖酒会的影响 / 144

"一带一路"发展论坛 / 147

为什么说"宁夏模式"摸准了中国的实际 / 149

让世界都知道中国宁夏能生产出世界一流葡萄酒 / 162

法国波尔多葡萄酒 / 165

法国勃艮第葡萄酒 / 167

法国葡萄酒产业考察 / 169

格鲁吉亚葡萄酒 / 171

澳大利亚葡萄酒 / 174

世界葡萄与葡萄酒 / 182

中国果酒的品牌突围 / 186

宁夏葡萄酒产业高质量发展 / 192

对银川市葡萄酒产业高质量发展的几点建议 / 213

中国葡萄酒产业 / 222

教授应该到社会生产实践中去 / 229

在北京大学光华管理学院 MBA 班上讲葡萄酒产业 / 231

中国葡萄酒从宁夏走向世界 / 234

葡萄酒与文旅融合发展的路径 / 239

考察山东、北京、河北葡萄酒产区 / 244

考察云南、新疆葡萄酒产区 / 252

宁夏枸杞产业大跨越 / 258

后　记 / 265

培植风土，酿造一流葡萄好酒

守正创新，打造一流精品名庄

新时代中国葡萄酒突围的路径

中国葡萄酒市场已经进入国际化新时代，成为世界上最有潜力的市场。世界各国葡萄酒纷纷快速进入中国市场，多种葡萄酒文化突破了历史厚重的白酒文化，争夺消费者的"战斗"越来越激烈，呈现出全面围剿中国市场之势。国产葡萄酒产量连续 4 年处于下降趋势，如何突破各国葡萄酒的重围，实现品质自信、品牌自信、文化自信，探索出一条中国特色的葡萄酒发展之路，是当前需要研究的重点问题。

世界多国葡萄酒围剿中国市场

国际葡萄与葡萄酒组织（OIV）的统计数据显示：2016 年全球葡萄酒消费总量为 242 亿升，比 2015 年略有增长；全球葡萄酒产量在减少，从 2015 年的 276 亿升降至 267 亿升，降幅为 3.26％。美国自 2011 年以来一直是全球最大的葡萄酒消费市场，2016 年消费葡萄酒 31.8 亿升；2016 年其他消费大国葡萄酒消费量紧随其后，分别为：法国 27 亿升、意大利 22.5 亿升、德国 20.2 亿升、中国 17.3 亿升、英国 12.9 亿升；2016 年中国葡萄酒消费量增幅最大，高达 6.9％以上。

从葡萄酒品质看，不是所有的葡萄酒都适合陈酿，在全球市场上90％以上的葡萄酒不具有陈年潜力，国际上葡萄酒的生命周期分为上升期、适饮期和衰退期，一般1~2年为上升期，3~5年为适饮期，适合存放6年以上的葡萄酒仅占全球葡萄酒的1％左右。

从葡萄酒产量看，气候是造成2016年全球葡萄酒减产的主要原因，减幅最大的是巴西和匈牙利，分别为55％和38％；阿根廷和智利也损失严重，分别减产29％和21％；法国减产350万升，减幅为7％；南非减产6％。葡萄酒产量增加的国家有3个，即美国、澳大利亚、西班牙，分别比2015年增产10％、9％和4％。

2016 年全球葡萄酒产量最大的国家依然是意大利（50.9 亿升），其次是法国（43.5 亿升）、西班牙（39.3 亿升）、美国（23.9 亿升）、澳大利亚（13.8 亿升）、中国（11.38 亿升）、南非（10.5 亿升）、智利（10.1 亿升）。2016 年中国葡萄酒产量 11.38 亿升，较 2015 年减少 1%，这是自 2013 年以来第 4 年下滑，但相比前 3 年葡萄酒产量正趋于稳定。

中国仍然是世界上最具潜力的葡萄酒市场，其有别于世界新旧葡萄酒国家，属于世界葡萄酒第三极。2016 年中国人均年消费葡萄酒约 1.3 升，而世界人均年消费葡萄酒超过 4 升，随着经济的增长，中国市场葡萄酒消费增长空间大，成为多国围剿的重点。国际发展实践表明，当一个国家人均 GDP 达 5000 美元以上时，就会产生休闲旅游的消费需求，消费需求呈多元化趋势。2016 年我国人均 GDP 已超 8000 美元，人均休闲旅游超 5 次，全国休闲旅游出游人数超过 80 亿人次，呈爆发式增长。葡萄酒属于嗜好性、休闲性消费品，能给消费者带来心理上的满足感和精神上的愉悦感，顺应了中国经济发展现阶段人民群众对美好生活的新期盼。中国进口葡萄酒市场份额已接近国际葡萄酒 35% 的红线，国产葡萄酒将面临巨大的竞争和挑战。

从世界静止葡萄酒市场分析，2016 年葡萄酒增长最快的是中国和美国，中国占整个增量的 71.8%，推动了全球葡萄酒产业的发展。此外，加拿大和日本增量也显著，非洲市场呈稳定增长趋势。目前，全球桃红葡萄酒市场占有率为 10%，在欧美等成熟市场呈良好增长势头，但在中国市场增长缓慢。起泡酒市场占有率快速增长，所有起泡酒品种市场占有率均增长，意大利 Prosecco 起泡酒独领风骚，在全球的市场占有率高达 9.17%，近 5 年中国起泡酒消费量增长了 2 倍多，未来这一趋势将持续。在烈酒方面，亚太地区是全球消费量最大的市场，中国依然是最大的烈酒消费国，2016 年烈酒消费总量是第二名（印度）的近 4 倍，并继续呈增长的趋势。

在世界经济不景气的大背景下，世界主要葡萄酒国家集中围剿中国市场。2009 年中国进口葡萄酒总量只有 1.712 亿升，到 2017 年进口葡萄酒总量达到 7.46 亿升。近 4 年葡萄酒进口量增速加快，其中 2014 年 3.83 亿升、2015 年 5.54 亿升、2016 年 6.38 亿升，2015 年较 2014 年同比增长 44.6%，2016 年较 2015 年同比增长 15.2%，2017 年较 2016 年同比增长 16.9%。2017 年中国葡萄酒进口额达 27.89 亿美元，比 2016 年增长 17.9%，每升葡萄酒价格平均为 3.74 美元。在广州、上海、深圳、宁波、厦门等国内一二线城市，进口葡萄酒占葡萄酒消费量的 70% 以上。目前，中国葡萄酒市场正处于一个大调整的拐点期，进入消费者普及阶段。进口葡萄酒销售要顺应中国文化，抓住销售信息、定价不透明以及政商务引领消费市场的实际，强力推进品牌塑造、运营渠道、价格管控、产品规模等方面的能力建设。

多国葡萄酒围剿中国市场，主要体现在以下五个方面：一是据不完全统计，葡萄酒进口商从 2007 年的 117 家发展到 2016 年的 5329 家。二是 2016 年葡萄酒进口量比 2010 年增长 4.4 倍，年均增长 27%。三是法国、澳大利亚、智利仍占据着葡萄酒进口国的前三位，意大利、西班牙、新西兰、阿根廷、罗马尼亚、格鲁吉亚、匈牙利、保加利亚等葡萄酒国家也纷纷加入中国市场的竞争中。四是随着国内市场消费者的成熟，进口葡萄酒价格回归理性，80% 以上的葡萄酒价格都在每瓶（750毫升）200元以下。五是各国都加大了以产区风土、葡萄酒文化教育为主导活动的推介力度，仅澳大利亚富邑集团在中国市场年投入就近亿元，安排品鉴推介会超过1000场次，通过宣传推广争夺消费者。美国国际侍酒师协会（ISG）、英国葡萄酒及烈酒教育基金会（WSET）等全球顶级葡萄酒培训机构都增加了中国产区的内容，中国成为继法国、意大利、西班牙、葡萄牙、德国、澳大利亚、匈牙利、美国、加拿大、新西兰、南非等14个产酒国之后又一代表性国家。经过10多年的快速发展，进口葡萄酒从零开始，在中国市场形成了法国波尔多、美国纳帕谷、智利中央山谷、西班牙里奥哈、德国莱茵河谷等国家和产区葡萄酒品牌，形成了拉菲、玛歌、拉图等名庄品牌，形成了奔富、卡思黛乐、卡斯特、红魔鬼等畅销型品牌，世界各国葡萄酒与中国葡萄酒的市场竞争进一步加剧。

中国葡萄酒需要优化升级

经过20多年的快速发展，中国已成为国际化葡萄酒市场，通过与世界葡萄酒的竞争、合作、比较，实现了国产葡萄酒质量的提升、市场容量的快速扩大、消费者消费理念的逐渐成熟，成为世界葡萄酒重要的第三极。本土葡萄酒也有宁夏、甘肃、新疆、山东、河北、吉林、云南等特色产区，以及张裕、长城、王朝、威龙、西夏王、贺兰山、华东、加贝兰、银色高地、巴格斯、类人首、立兰、兰轩、尼雅、朗格斯、楼兰等一批葡萄酒企业品牌，正在走向世界葡萄酒的舞台。无论是国产葡萄酒还是进口葡萄酒，都在根据市场经济规律进行自我调整优化。中国葡萄酒产业要坚持中国化方向，调整优化产业体系、生产体系、经营体系。推进标准体系建设，通过质量优势对冲成本上升劣势；推进现代化发展，通过提高产品质量和服务质量优化供给体系；促进葡萄酒文化中国化、本土化，培育产区品牌与葡萄酒自主品牌。要发掘各产区及葡萄酒产业多种功能潜力，充分发挥三次产业融合发展的乘数效应。国产葡萄酒企业也在走出去布局海外市场，如买酒庄、进行技术合作、买断优势单品等，不断学习国际先进理念，提升品质与品牌影响力。如今葡萄酒行业的从业者，其葡萄酒知识水平相对较低，国内市场也缺乏能够信任的意见领袖。要引导葡萄酒企业突出主业，转变经营理念，从中国消费者需求出发，优化产品结构，提升质量，降低生产成本，提高生产效率，形成企业独有的比较优势；企业要挖掘自己产区的风土人情、历史文化，发扬工匠精神，加强葡萄酒品牌培育，增强产品的市场竞争力。

中国葡萄酒企业要把握国内市场普及时代、消费大时代来临的机遇，在打破旧市场格局、重建新市场格局的过程中，立足中国的饮食习俗，创新发展新模式、新机制、新产品。葡萄酒这种商品具有地域性、多样性、复杂性等属性，世界葡萄酒产品多如牛毛，一个产区就有成千上万种葡萄酒，一个人一辈子也喝不全所有葡萄酒产品。未来在国内外市场竞争中，葡萄酒产品要从众多品牌中脱颖而出，依靠低价位策略，一定是做不长久的；长久持续的发展策略，一定是培育出知名大品牌。中国消费者的味蕾区域性、个性化很强，差异化很大，成熟的消费者最终选择葡萄酒，消费的是品牌，而不是产品。中国葡萄酒品牌培育将成为未来 5~10 年的战略重点，但中国葡萄酒新产区与新品牌培育成熟需要很长时间和持久耐力。

中国葡萄酒在过去的发展中，过度依赖引进世界葡萄品种、引进酿造设备和技术，产品的定位采用的也是跟随法国等旧葡萄酒国家的策略，缺乏符合中国国情的自主创新，忽视了品种的多样化、产品的差异化与中国化。但经过近 20 年的快速发展和近 5 年的转型调整，葡萄酒界凭着对事业的坚守、对质量的追求、对创新的坚持、对品牌的塑造，使中国成为世界葡萄酒生产大国和消费大国，中国葡萄酒已从探索发展期、快速成长期逐步走向成熟期，现阶段需要全产业链创新升级与优化调整。从葡萄酒的发展历程看，不论是美国市场的崛起，还是欧洲市场的发展，都催生了国际知名大品牌引领市场发展。未来 10 年内中国葡萄酒市场将进入增长的快车道，近 5 年进口酒依然是增长的重点，三四线城市将成为最大的增长点。中国葡萄酒在中国市场上占据地利、人和的竞争优势，要走向中高端、走向普通消费者，实现产品、品牌优化升级，培育国内外知名的产区品牌和一批葡萄酒产品品牌，突破世界各国葡萄酒对中国市场的重重包围，这是当前的战略任务。一是科学划定中国葡萄酒优势产区。依据现有中国葡萄酒产区生产情况与自然资源禀赋，科学规划中国葡萄酒空间布局与优势产区，支持葡萄酒产业向优势产区集中，形成规模发展。二是夯实各产区科学发展基础。我国葡萄酒产区基础研究是短板，未突出资源优势，应抓好葡萄与葡萄酒基础研究，推进优势产区风土区划、品种区域化研究，栽培技术标准化、机械化、信息化研究，酿造工艺规范化研究，以及生产设备、辅料本土化配套研究。三是建立国家及各产区完善的标准化管理体系。对标世界主要葡萄酒国家及国际知名产区，从葡萄品种、苗木、种植、酿造、产品、贮运、销售等环节，全产业链分层次建立国家与产区标准化管理体系以及酒庄（企业）准入制度。四是规范国内葡萄酒市场营销秩序。国家应从葡萄酒进口准入标准、国产葡萄酒生产标准、经销商资质认证条件等方面规范葡萄酒市场，让中国消费者建立对国产葡萄酒品质的自信。五是修订完善国家葡萄酒相关法规标准。做好新时代消费者对葡萄酒新期待的判断，修订已有的相关法规标准，迫切需要制定把葡萄酒当作农产品的法规标准，对标世界新旧葡萄酒国家的经验、法规、标准，建立健全符合中国实际的葡萄酒产业法规标准体系。六是建立与中国地域饮食相适应的葡萄酒文化教育体系。世界各葡萄酒国家都有自己独有的葡萄酒文化，中国传统的酒文化应转型升级，适应新时代中国葡萄酒消费者的新期待，这就要求在借鉴世界葡萄酒文化的基础上，建立一套中国式的葡萄酒文化教育体系。

中国葡萄酒市场进入了新消费时代，要突破多国葡萄酒对国内市场的重重包围，葡萄酒企业要实现国产葡萄酒品牌和品质的双升级。随着个性消费的崛起，品质消费、健康消费、绿色消费成为新时尚。葡萄酒市场碎片化为中国葡萄酒企业提供了发展机遇，中国葡萄酒企业要顺应新时代，讲好中国故事，挖掘产区与产品品牌的内涵，敬畏自然与规则，改进工艺、提升品质，打造中国高端葡萄酒品牌。加强产品与品质、消费者与葡萄酒品牌的管理，聚力打造世界优质的中国葡萄酒产区，让国内外消费者相信并认可一批品质卓越的酒庄、产品、品牌，从而实现国产葡萄酒科学健康发展。

❧ 宁夏应勇当中国葡萄酒先行者

面对多国葡萄酒对中国市场围猎、国产葡萄酒产量连续 5 年下降的形势，中国葡萄酒需要自信、自立、自强，需要树形象、提品质、强品牌，需要有突破重围的先行者。宁夏葡萄酒产业已经有了很好的发展基础，酿酒葡萄基地面积占全国酿酒葡萄总面积的 1/4 以上，建成酒庄 86 家，葡萄酒年产量近 10 万吨，产区有长城、张裕、保乐力加、轩尼诗等中外知名品牌，也有西夏王、加贝兰、银色高地、巴格斯、立兰、类人首等本土知名品牌，具备了放大优势的条件，宁夏应发挥这些品牌酒庄（企业）的引领作用，勇当中国葡萄酒突围的先行者。用 5~8 年时间，主动适应世界葡萄酒产业发展趋势，坚持国际化、市场化发展方向，聚焦国内外市场新需求，聚焦提高供给体系质量，聚合多方要素，以酒庄（企业）为主体，以创新为引领，以融合为突破，以品牌为支撑，促进宁夏葡萄酒产业优化升级、提质增效，增强品牌的市场竞争力。

科学认识贺兰山东麓生态特点

从葡萄生长规律分析，贺兰山东麓产区同世界一些知名产区相比较，生态条件有不足也有优势，实践证明优势大于不足，可以说贺兰山东麓是世界上又一个优质葡萄酒产区。贺兰山东麓属大陆性气候，土壤有机质缺乏、保水保肥力差、偏盐碱性，时有霜冻，葡萄需要埋土越冬，生产投入大、生产成本高，这是不足。贺兰山东麓土壤不同地块差异明显，矿物质丰富，通气透水性较好，有利于葡萄根系生长；气候干燥少雨、光照强烈、热量充足、积温高、昼夜温差较大，冬季干冷、风相对较多，不利于葡萄病虫害的发生；葡萄园灌溉可控，有利于葡萄果实形成丰富的内涵，这是优势。应分析不同产地的生态特点，制定发展对策，补齐不足、放大优势，做到顺应生态、和谐发展。

在特定的生态条件下，历年来引进筛选 60 多个适宜品种在贺兰山东麓产区内种植，赤霞珠、美乐、蛇龙珠、黑比诺、品丽珠、西拉、马瑟兰、霞多丽、雷司令、贵人香、威代尔等一批品种在宁夏表现良好。近几年，立足产区不同的生态特点，以优质高效为目标，研究形成适宜的栽培调控技术，形成葡萄酒固有的潜在的风味品质，集成组装适宜的工艺技术与装备，表现出独特的优良葡萄酒感官品质与理化特性，得到了国内外行业的普遍认可。

优质原料基地建设是最大竞争力

世界知名的葡萄酒产区品牌最大的竞争力，是依据风土条件，经过长期实践选择的优良品种与葡萄园风土的完美融合。宁夏产区酿酒葡萄基地是国内最集中、最优质的规模化生产基地，筛选了一批适合本产区风土的优良品种。宁夏产区葡萄酒企业都有自己稳固的优质葡萄生产基地，酒庄与基地一体化经营管理，是宁夏产区与酒庄（企业）提升竞争力的基础。为了进一步提升产区与酒庄（企业）品牌的竞争力，要积极推进产区风土区划与品种区域化研究。要落实原料基地建设、升级改造规划实施的组织体系，明确酒庄是建设及管理原料基地的主体，酒庄与基地一体化经营是有效发展模式，建设基地自然灾害风险共担保险体系；从葡萄园美观及可持续发展出发，推进葡萄园的规划设计与栽培模式的变革，推进标准化、机械化、信息化管理升级，促进葡萄园土壤改良培肥与水肥一体化技术的应用，集成节本、安全、优质、高效的栽培调控技术，提高葡萄园生产效率。

加强酒庄（企业）葡萄园管理是提升葡萄酒品质与竞争力的着力点；实现葡萄园地块之间、葡萄植株之间、葡萄穗穗之间、葡萄粒粒之间生产品质的一致性，是提升葡萄酒品质、打造知名品牌的关键；实现酒庄内优质葡萄生产质量的一致性，是确保葡萄酒风格稳定性、质量稳定性的基础，有助于提升宁夏葡萄酒品种、品质、品牌的认知度和影响力。

建立宁夏产区品牌最严格的管理制度

品牌是一种文化、一种标识、一种信任、一种价值追求，是企业和产品的生命，彰显了监管者、生产者的情怀，传递着企业的历史文化底蕴和价值理念。宁夏产区要让风土优势、品质优势转化为品牌优势、市场优势，让消费者放心消费葡萄酒产品，关键是从品质好做到品牌响。政府要集中力量打响宁夏贺兰山东麓产区品牌，让更多人知道贺兰山东麓产区葡萄酒是优质的；企业要下力气做好产品品牌，让消费者喝到喜欢的葡萄酒；政府和企业要在市场竞争中齐头并进、双向发力。树立以提质固质取胜的理念，用精益求精、追求卓越的价值取向提升品质；从葡萄酒味道、产地风土、葡萄栽培、酿造工艺、生产年份和性价比六个关键要素入手，抓好"贺兰

山东麓葡萄酒国家地理标志产品""贺兰山东麓葡萄酒""贺兰山东麓酿酒葡萄"证明商标应用，建立严格的原产地保护制度，进一步明确酒庄（企业）责任与产品质量标准，固化产区特点、稳定品种特性、瞄准目标市场、培育代表品牌；建立技术标准支撑体系，提升政府与企业双向协同打造品牌的能力，全面提升宁夏产区品牌的影响力。

提升精品酒庄引领带动能力

精品酒庄是葡萄酒产业现代化发展、承接"第六产业"的载体。鉴于宁夏产区资源稀缺的实际，应促进中高端酒庄发展，具体来说，应从三个方面培育提升精品酒庄：一是引进培育 10 个左右年产葡萄酒 500 万瓶以上的规模精品酒庄，年总产量力争达到 1 亿瓶以上，企业拥有自建或联建优质葡萄基地 30 万亩左右，形成 5~6 个在国内外有影响力的大单品与大品牌，拓展国内外消费市场。二是培育 20 个左右年产葡萄酒 30 万瓶左右的高端精品酒庄，年总产量力争达到 1000 万瓶以上，企业拥有自建优质葡萄基地 5 万亩左右，形成 10 个以上在国内外有影响力的知名酒庄品牌，进军国内外高档葡萄酒市场。三是培育 40 个左右生态良好、葡萄园美观、酒庄功能完善的旅游酒庄，推进葡萄酒产业与旅游、文化、康养、生态等产业的融合发展，年旅游人数达到 200 万人次以上。依靠领导型品牌酒庄引领宁夏葡萄酒产业发展，领导型品牌酒庄一定要有行业责任，一定要有把行业、平台做大的意识，支撑宁夏产区品牌升级。

精品酒庄培育应立足葡萄酒发展规律，应念好"精、匠、活、强、链"五字经。"精"就是精益求精，立足葡萄基地，建设精美葡萄园，生产精品葡萄，夯实精品酒庄发展基础；"匠"就是用工匠精神酿出优质葡萄酒，增强市场竞争力；"活"就是酒庄开拓市场要活，整合多种渠道、多种功能，挖掘风土文化内涵，增强葡萄酒教育推广活力；"强"就是集三次产业乘数效应，突出产区品牌，建立优质葡萄酒诚信机制，培育并做强酒庄品牌；"链"就是全产业链谋划设计，以品牌、资本融合三次产业，形成完整的产业链、价值链，体现精品酒庄的市场价值。

实施创新挖潜增效计划

创新是一个产业发展永恒的主题。宁夏葡萄酒产业尚处于成长期，适宜的主导品种、风土区划、发展模式、监管制度等需要研究创新的比较多，葡萄园产量效益比较低，葡萄与葡萄酒质量提升空间还很大，产区或酒庄需要分类制定挖潜增效措施，以此促进科学发展。从产区来讲，发展定位、品种结构、栽培技术、酿造工艺、市场品牌、政策制度等都需要进一步研究创新，建立产区标准化生产技术体系，实施产区葡萄酒产量品质倍增计划（现亩产葡萄酒不到200瓶），提高产量质量，降低生产成本，增强竞争力，顺应国内外市场发展的需求。从酒庄来讲，酒庄设计建设、生产规模、产品结构、目标市场、消费群体以及产品品牌等也需要研究创新，顺应消费者需求，提升产品质量，讲好企业品牌故事。从人才来讲，建立具有国际视野、创新理念的产业人才队伍是关键，培育酒庄经营者、种植者、酿造者、营销者四支队伍，让其拥有葡萄酒发展全局视野、技术与理念，准确定位，科学发展。对标世界知名产区，宁夏产区在葡萄产量质量、酿造工艺品质、生产成本效益、酒庄投入建设、品牌市场空间等方面挖潜增效的空间比较大，尚需优化配置、集成组合全产业链生产要素，精准确定目标市场，通过创新破瓶颈、挖潜能，打牢葡萄酒产业科学发展的基础。

推进宁夏葡萄酒全面提档升级

中国葡萄酒市场进入新时代，消费者需要具有高端品质与丰富文化内涵的葡萄酒。宁夏葡萄酒产业需要抓好五个转变，率先顺应新时代需求，促进全面提档升级。一是由注重数量向注重质量转变。顺应国内消费结构升级趋势，增加多样化、个性化、高端化产品供给。二是由常态发展向绿色发展、创新发展转变。提升发展质量、供给质量，降低生产成本，增强市场竞争力。三是由政府主导向市场驱动转变。葡萄酒市场国际化程度高，加上投资的长久性、收益的缓慢性、市场的不稳定性，发展主体一定要增强全局意识与市场意识。四是由重视产出向激活要素市场转变。推进供给侧结构性改革，市场是唯一目标，应聚焦产品风格与品质固化，提高产业链全要素生产率。五是由第一、第二产业为主向三次产业融合发展转变。推进葡萄酒＋、旅游、文化、生态、富民等产业融合，酒庄（企业）要练好内功、增强信心、树立新目标，实现资本对资源价值的聚变裂变，满足国内外市场新需求，实现葡萄酒产业最大效益。

2017 年 11 月于银川

刊于《宁夏工作研究》2018 年第 1 期

葡萄酒产区风土与品种

　　贺兰山东麓葡萄酒产区位于西北内陆黄土高原，属大陆性干旱半干旱气候区，有黄河水补充灌溉，平均海拔 1000 米以上，一般酿酒葡萄种植在海拔 1000～1450 米区域内。目前，酿酒葡萄分布集中的有贺兰县、西夏区、永宁县、青铜峡市、红寺堡区等产地，酿酒葡萄基地规模化，已形成酒庄集群。石嘴山市、中卫市等产地，有小规模基地与零星酒庄分布。

　　贺兰山东麓产区年日照时数 2813～3049 小时，≥ 10℃有效积温 3300℃·d 以上，无霜期 153～180 天，昼夜温差 12.5～13.9 ℃，

年降水量 173~261 毫米。该产区气候的显著特征是太阳辐射强、日照时间长、降水量较少、空气湿度小、气温日较差大；冬季气温一般在 -15 ℃左右，极端最低气温有时达 -26 ℃左右，但持续时间较短。气候缺点是冬季寒冷，春季干燥，葡萄需要埋土防寒防抽干。产区内的气候主要因贺兰山脉高低、海拔、坡向以及距离其远近有所不同，并在近 20 年有葡萄生长期热量明显增加、生长期延长、降水量增加、日照时数减少等趋势。

贺兰山东麓产区内葡萄园土壤类型比较多，土壤结构也比较复杂，主要土质是淡灰钙土、砾石土和风沙土，土质的变化主要是土壤中沙粒、砾石和黏粒的比例不同。土壤基本特性是非常贫瘠，有机质含量低，通气透水性好，土壤持水量低，经常保持干燥状态。土壤的干燥与贫瘠，限制葡萄过多吸水，促进葡萄根系下伸，吸收深层次水分与矿物质元素，形成产地不同特色的葡萄酒。

风土是气候和土壤的综合体。葡萄园风土是决定酿酒葡萄质量与葡萄酒风格的先天条件，没有得天独厚的风土，就没有品质优良的美酒。世界一流葡萄酒产区与酒庄，都拥有风土独特的顶级葡萄园。顶级葡萄园是风土所包含的各个要素与栽培品种、栽培技术、酿造工艺的最佳融合，是风土最完美的体现。宁夏产区是葡萄酒新产区，风土基本特征及表达研究尚处于成长发展期，随着未来气候的变化、生产技术与经验的积累、基础研究的深入、栽培品种的区域化、栽培技术与酿造工艺的进步，专业人士都预测风土所表达的品质特征将会展现出更大的潜力。

贺兰山东麓主栽品种目前是欧亚种。1984 年开始产区从国内外引进不少于 60 个酿酒葡萄品种，现在主栽品种有近 20 个，这些品种在多种风土条件下都有不错的品质表现。现将在产区内形成产量、表现优秀、已酿造葡萄酒的主要品种介绍如下。

❦ 白色酿酒葡萄品种

霞多丽：原产于法国，属中早熟品种，产量中等。在宁夏的种植面积占白色品种种植面积的70%以上。霞多丽的适应性非常强，相较于其他主栽白色品种，更加抗病害。果实金黄色，香气浓郁，有典型的洋槐花香气。酿制的葡萄酒酒精度较高，可在橡木桶内发酵或陈酿。

贵人香：原产于意大利，也被称为意大利雷司令，属中早熟品种，产量中等。宁夏各个小产区都有种植。该品种果皮薄，对后期的病害较为敏感。可酿制优质干型或者半干型白葡萄酒，酒色略浅，果香浓郁，酸度较高，清新爽口。

雷司令：原产于德国，属中早熟品种，产量中等。宁夏部分产区有种植。对于雷司令这个品种来讲，宁夏属于生长期较炎热产地，与德国雷司令较高的酸度和矿物质香气不同，宁夏的雷司令成熟度高，香气更加浓郁，主要呈花香，甚至成熟水果的香气。可

酿制干型、半干型白葡萄酒，风味醇厚，后味悠长。

🌱 红色酿酒葡萄品种

赤霞珠：原产于法国，属晚熟品种，产量中等。在宁夏的种植面积占红色品种种植面积的 70％ 以上。该品种属于晚熟品种，一度认为不适合在宁夏产区种植，但现在看来该品种酿制的葡萄酒表现出浓重的颜色，酒精度高，单宁含量高，酒体强劲，新葡萄酒表现出浓郁的花香、果香，后味悠长，大部分情况下没有表现出生青味。

蛇龙珠：中国独有的品种，也有人认为是智利佳美娜，属晚熟品种，产量中低，果粒较大。在宁夏的种植面积占红色品种种植面积的 10％ 左右，但栽培面积逐年减少。酿制的葡萄酒颜色较赤霞珠浅，果香浓郁，呈典型的青椒味、青草味，重则带有中药味，单宁含量中等，略寡淡，后味重。

品丽珠：原产于法国，属中熟品种，产量中等。在宁夏一些产区有少量种植。果粒较大，颜色较浅，果香浓郁，风味纯正，但口感略淡。该品种很难表现出类似赤霞珠浓厚的口感，故在产区内没有大面积种植。

梅鹿辄：原产于法国，属中熟品种，产量中等。在宁夏产区有一定面积的种植，占到红色品种种植面积的 15% 左右。梅鹿辄的品质与土壤关系密切，在以灰钙土为主的土壤上成熟度高，但香气不突出。酿制的葡萄酒颜色较淡，口感丰满、柔和。

黑比诺：原产于法国，属中早熟品种，产量中低。在宁夏有少量种植。该品种对土壤和气候极为挑剔，宁夏产区生产的黑比诺酿制的葡萄酒宝石红色，香气浓郁，呈草莓、樱桃、紫罗兰和蔬菜香气，酒体简单，口感柔和。

西拉：原产于法国，属中晚熟品种，产量高。在宁夏有少量种植。该品种在宁夏颜色较深，酿制的葡萄酒果香突出，具有紫罗兰、橄榄的香气，口感丰满、柔和、细腻，但目前没有表现出澳大利亚西拉的厚重和强劲。

马瑟兰：1961 年，法国农业研究中心用赤霞珠和歌海娜进行杂交选育而成。该品种属中晚熟品种，产量高。酿制的葡萄酒紫黑色，香气浓郁，有荔枝、覆盆子、烤坚果和香草的香气，单宁含量高，具有陈酿潜能。从目前的表现来看，马瑟兰是宁夏未来有潜

力的品种。

桑娇维塞: 原产于意大利，属晚熟品种，产量中高，果粒中大。在宁夏有少量种植。酿制的葡萄酒宝石红色，果香浓郁，带有烟草及香料的味道，口感细腻，酒体简单清爽，也有浓烈浑厚型。

紫大夫：原产于德国，属中熟品种，产量中高。该品种为宁夏新引进品种，有少量种植。酿制的葡萄酒深紫红色，果香、花香浓郁，酸度低，口感柔顺，可单独做干型酒，也可用于调色。可配食野味，非常适合烧烤时饮用。

宁夏产区还种植有小芒森、小味儿多、泰纳特、北玫、北红等酿酒葡萄品种，也表现出一定潜力。酒庄（企业）引进优新酿酒葡萄品种的积极性高，每个酒庄的葡萄园都有 3~4 个栽培品种，有的酒庄栽培品种甚至多达 7~8 个。由于栽培品种的多样性，每个酒庄都依据葡萄园的风土形成了自己稳定的生产技术，所产的葡萄酒风格各异，风味差异化明显，避免了酒庄葡萄酒风味的雷同。酒庄（企业）注重葡萄园品种选择、标准化管理、酿造过程规范化，更重视种植师、酿酒师的培养与技术提升，实现了葡萄酒品质整体大提升，顺应了现阶段国内外葡萄酒市场的新需求。

2016 年 10 月于银川

优质葡萄园建设与升级

    10 多年葡萄酒生产的实践证明，宁夏贺兰山东麓葡萄酒产区是世界优质葡萄酒产区之一，也是中国最优质的葡萄酒产区，得到了国内外行业的普遍认可，葡萄酒品质也得到了全面提升。优质葡萄酒生产必须有体现产区风土条件的优良葡萄品种生产的优质葡萄，优质酿酒葡萄是适宜品种与土壤、气候和园艺措施的最佳集成体。世界上知名葡萄酒产区都有这样那样的生态缺陷，如宁夏产区有冬季寒冷、春季干旱、土壤贫瘠、晚霜冻等生态缺陷。为了弥补这些缺陷，产区应选择适宜的主栽品种，配套适宜的栽培技术，如深开沟施有机肥培肥土壤、葡萄藤蔓埋土越冬防寒和防抽干、出土后采取预防晚霜冻等措施，确保酿酒葡萄正常生长，推进葡萄园健康持续发展。

    2006 年，宁夏产区立足实际，集成多年的探索研究与实践成果，提出了老葡萄园改造提升的"一清三改"技术。

    一清就是对近 10 万亩平栽的葡萄园，用 2～3 年时间，变成 25 厘米左右深的沟状栽植带，从而减少灌溉与埋土用工量。具体措施是，每年葡萄出土后往下清土 10 厘米左右，迫使葡萄根系向下生长，防止根系冬季受冻害。

    一改浅施有机肥为深施有机肥。每年土壤要深施肥，一般要求施肥深度达 60 厘米以下，亩施有机肥 1000～2000 公斤，这样可有效改善葡萄根系生长分布状态，引导葡萄根系向下生长，使葡萄根系生长深度达到1米以下，从而避免冬季极端低温对葡萄根系的冻害。

二改葡萄藤蔓直立上架为倾斜上架。直立上架葡萄产量高，但结的果实不同期成熟，出土后让藤蔓45度左右倾斜上架，可方便秋季埋土越冬，防止藤蔓增粗后压断架，还能减弱葡萄生长势，形成分布高度相对集中的结果带，从而达到果实同期成熟、同质生产的要求。

三改葡萄园大水漫灌为沟灌（节水灌溉）。葡萄行内清土形成25厘米左右深的沟，葡萄园采取沟灌方式，可以节约灌水量1/3以上，若采用滴灌可以节约灌水量2/3左右，还能均衡灌水，提升葡萄品质。

"一清三改"技术的应用推广，主要是针对宁夏产区生态缺陷、改造提升老葡萄园提出的，实施改造升级后，酿酒葡萄亩产量可以达到600～800公斤。实践证明，其对提升宁夏酿酒葡萄园管理水平和葡萄产量质量具有重大作用。

此外，要高标准新建酿酒葡萄园。新建酿酒葡萄园是为了便于标准化、机械化管理，沟、渠、路、林要合理布局，科学规划建设。优质葡萄园建设关键要实现地上葡萄、地下土壤双健康，应把葡萄园规划成300～500亩生产小区，配置好主、副林带。葡萄苗木定植株行距以（0.5～1）米×（3～3.5）米最好，架高应控制在1.8～2米。葡萄苗栽植时整成25～30厘米深的沟状栽植带，葡萄藤采取倾斜上架管理。亩栽植株数控制在220～444株生产效率高，可以做到植株最合理组成、资源最合理利用，与环境条件适应。葡萄栽植时需要培肥土壤，以有机肥为主，弥补土壤贫瘠的缺陷，按株行距开深1～1.2米的沟，亩施有机肥10立方米左右，改良熟化土壤。实行滴灌或水肥一体化管理，为葡萄根系创造良好的生长环境。

2010年5月于银川

葡萄酒产业进入新阶段

从 1984 年开始，宁夏葡萄酒产业经历了前 20 年的品种及技术引进试验、示范探索发展阶段，到近 10 年的快速增长、规范发展、品质提升阶段，现已进入品牌打造、市场培育、全产业链发展新阶段。宁夏产区品牌与许多酒庄品牌均处于探索成长期。面对国内消费者葡萄酒消费理念不断成熟、国际不同国家葡萄酒品牌快速进入国内市场、国产葡萄酒品质和品牌影响力不高、宁夏葡萄酒企业品牌不响的现状，宁夏葡萄酒产业应适应新阶段，实现产区资源优势向市场优势转变、国内外奖牌（品质）优势向大众消费市场转移，让更多消费者体验到宁夏葡萄酒的优良品质以及葡萄酒带来的生活理念、生活水平的变化。现阶段，国内外葡萄酒产业发展实践证明，知名葡萄酒产区与酒庄品牌真正比拼的主要有两个方面：一是在特有风土条件下建设优质原料基地，优质产区所拥有的规模化生产基地是酒庄（企业）最大的市场竞争力；二是酒庄（企业）拥有知名产区品牌和葡萄酒品牌，这是酒庄（企业）又一个竞争力。

许多国际知名葡萄酒企业都积极推进全球化资源扩张，抢占世界优质葡萄酒产区风土资源、中高端葡萄酒品牌和潜在消费市场。葡萄酒品牌建设已由产品文化发展到品牌文化，谁拥有最好的原料基地与产区酒庄，以及具有吸引力的葡萄酒文化，谁就拥有未来市场，这成为现阶段的共识。

　　我国葡萄酒市场正处于碎片化调整成长期，宁夏产区怎么适应市场新需求、顺应消费者新需求，把握葡萄酒产业发展阶段性特征，保持发展定力，突破发展瓶颈，推进科学持续发展，成为现阶段研究的主要问题。

❦ 宁夏区情决定了葡萄酒产业与产品中高端消费市场的定位

　　宁夏土地资源规模小，再加上气候、土壤等资源的稀缺性，要走酒庄基地一体化经营的高端酒庄酒之路。宁夏政府应打造好世界知名优质葡萄酒产区公共品牌，酒庄（企业）应打造好酒庄与葡萄酒品牌，双向发力、相互支撑，让宁夏产区品牌走向市场与消费者。打造知名品牌的基础是葡萄酒品质，要建立健全葡萄酒品质全程监管体系，酒庄（企业）还要建立产品质量诚信体系。推进宁夏产区葡萄酒产业标准体系建设，面对市场新需求，不断推进酒庄（企业）转型升级，把宁夏产区打造成为世界知名产区、世界优质葡萄酒生产高地。

❦ 夯实宁夏产区科学发展与挖潜提质增效的基础

　　优秀与否，关键要看每亩土地所产出的品质与效益，提质增效是宁夏产区与酒庄（企业）持续努力的方向。一是抓好优新品种引进选育、主栽品种区域化，以及栽培技术标准化、机械化、信息化等基础性研究工作。二是对标国际知名产区，站在全产业链、国际化市场视野的高度建立标准化管理体系与认证体系，以及酒庄（企业）进入产区的准入制度，确保葡萄酒品质的稳定。三是构建宁夏产区国际市场信息、技术研究、产品检测平台，聚集国内外领军人才，培养本土人才，增强宁夏产区在国内外市场的话语权、创新力和竞争力。

❦ 增强龙头酒庄（企业）引领带动能力和对宁夏葡萄酒产业发展的责任意识

　　酒庄（企业）是宁夏产区建设的主体，应引进培育几个能走向国内外市场、产业带动能力强、有创新能力及资本整合能力的葡萄酒龙头企业，打造属于宁夏产区的战略性大单品和领军企业，拓展国内外市场，降低消费者选择成本，提升宁夏产区品牌和企业品牌地位及影响力，使宁夏生产的优质葡萄酒让国内外消费者都能喝到。宁夏葡萄酒企业想在未来的市场竞争中取胜，关键是培养中国化的葡萄酒文化，赋予其更多地域特色、文化内涵，使消费者能够了解宁夏葡萄酒、接受宁夏葡萄酒、选择宁夏葡萄酒。

　　酒庄（企业）作为葡萄酒产业发展的主体，要转变思维方式，实现由资源占领型向价值创新型的转变，从经销商思维、价格思维、渠道思维向共享思维、价值思维、资本思维的转变。宁夏葡萄酒产业进入现阶段，更要突出资本与品牌对葡萄酒产业的整合提升功能，以此实现优势资源与资本融合的聚变裂变，酒庄（企业）要做好价值链条中能增值的部分，促进宁夏葡萄酒产业全面转型升级。

2017 年 11 月于银川

推进葡萄酒产业创新发展

宁夏党委和政府充分肯定葡萄酒产业发展成绩，正视存在的问题，明确贺兰山东麓葡萄酒产区产业发展的方向；创新理念，突出重点，切实把宁夏葡萄酒产业做优做强；加强领导，落实责任，推动宁夏葡萄酒产业上台阶上水平；提出现阶段要坚持走创新发展、融合发展、品牌发展之路，推进葡萄酒＋旅游、文化、生态、富民等，实现一、二、三产业融合发展。

❦ 科学认识葡萄酒产业发展规律

宁夏葡萄酒产业经历了前 20 年的引进试验、示范探索发展阶段，近 10 年的快速增长与规范发展、产品优化与品质提升阶段，现已进入创新发展、品牌培育、全产业链融合阶段。葡萄从种植到结果得 3 年以上，一瓶优质葡萄酒从酿造到进入市场需要 18 个月以上，企业从种葡萄到有收益最少需要 6 年，这就是宁夏产区与酒庄（企业）必须遵守的生产规律。面对国际葡萄酒与品牌快速进入中国市场的挤压，面对国内消费者对国产葡萄酒品质的不信任，面对中国葡萄酒品牌影响力不大和企业规模小的现状，面对宁夏葡萄酒产业处于成长期的实际，酒庄（企业）的压力很大。宁夏葡萄酒及国产葡萄酒如何在逆境中突围，实现在挤压、不信任条件下的发展，就需要创新发展理念、创新产业技术、创新运行模式、创新品种及产品文化，夯实宁夏产区科学发展研究基础，提升葡萄酒品质，增强宁夏产区葡萄酒品牌影响力和市场竞争力。

❤ 精准定位葡萄酒目标市场和消费人群

市场的份额不是静态的，我们要动态地考察市场，了解国内外市场的动向，目前要重点突破福建、浙江、江苏、山东、广东等主要消费市场，拓展湖南、湖北、河南、重庆、成都等潜力市场，辐射巩固陕西、内蒙古、宁夏市场，积极发展国际市场及北京、上海等市场。对这些重点市场分区域引入重点酒庄（企业），让酒庄（企业）在突破市场中当主力、唱主角。政府要打造好宁夏贺兰山东麓产区品牌，酒庄（企业）要跟进打造好酒庄及葡萄酒品牌。酒庄（企业）要培育消费市场，把重点经销商、消费者请到酒庄体验，要走出去到消费市场对重点经销商、消费者开展市场调研与葡萄酒教育及品鉴。产区要与酒庄（企业）分工抓好葡萄酒技术创新、营销创新和品牌创新，利用广告牌、广播电视、新媒体等载体在目标市场全方位对宁夏产区与跟进的酒庄进行宣传推介。酒庄（企业）要持久维护一个品牌的价值，必须诚信第一、客户第一、服务第一，扩大宁夏产区品牌与葡萄酒品牌的影响力。

❤ 培育壮大有影响力的龙头企业

引进培育几个能走向国内外市场、有带动力、有创新力、有资本整合能力的生产营销企业，全面拓展国内外葡萄酒市场。整合宁夏产区优势资源，以葡萄酒质量打造宁夏产区拳头酒庄（企业）及拳头产品。酒庄（企业）必须把握国内外葡萄酒市场发展的大势，立足宁夏产区优势顺势而为。酒庄（企业）市场运营的关键在于随市场变化而更新观念。宁夏葡萄酒产业进入现阶段，缺乏几个能引领产区发展创新的龙头企业。应立足现有酒庄（企业）加快培育步伐，以宁夏产区优势品牌为支撑，以品优质特的差异化产品与消费者价值提升作为切入点，全面抢占未来增长潜力巨大的国内市场，让众多普通消费者都能喝到宁夏优质葡萄酒，从而突破现阶段宁夏葡萄酒产业发展的瓶颈。

❤ 坚持市场化、国际化发展方向

坚持以酒庄（企业）为发展主体，夯实产业科学发展的基础。一是抓好基础研究。在品种选育、品种与风土区域化、栽培技术（标准化、机械化、信息化）、减灾防灾技术、酿造工艺等方面深入研究，实现成果本土化。二是建立宁夏产区完善的标准化管理体系。对标国际知名产区，建立全产业链标准化生产技术管理体系、产业发展规范及酒庄（企业）进入产区的准入制度，实现产区标准化。三是建立宁夏产区国际国内市场信息、葡萄与葡萄酒研究、产品质量检验监测服务等平台，聚集国内外人才团队，立足国内外产区与产业发展方向与问题，培养宁夏产区领军人才，增强宁夏产区在国内外市场及专业技术领域的话语权及宁夏葡萄酒产业发展的创新力，实现市场信息全球化。四是强化宁夏产区本土人才队伍建设。人才是创新的主体，加强专业人才的培训，培养一批有国际视野、创新能力强、专业理论深厚、实践经验丰富的企业家（酒庄庄主）、种植大师、酿酒大师、侍酒大师、质检大师、营销大师，合理使用好本土人才，实现人才国际化，推进酒庄（企业）创新与宁夏产区优化升级。

❧ 增强葡萄酒产区资本市场的融资功能

我国葡萄酒市场正处于碎片化调整增长期，应适应市场需求、顺应消费者需求，把握葡萄酒产业发展阶段性特征。宁夏产区与酒庄（企业）一定要把好创新、融合、品牌发展的方向，定位好葡萄酒＋、多功能经营重点，突出品质优势，提升技术与工艺，苦练内功，增强素质，营造环境，招商引资，探索股权融资、债券融资、直接融资等方式，推进企业资本参与酒庄并购重组、产权交易、经营权流转。宁夏产区品牌的打造离不开资本的引领和推动，酒庄（企业）的商业竞争最后一定也是资本的竞争。只要资本市场强有力地推动葡萄酒产业发展，加上自治区各级政府有力政策的引导，宁夏葡萄酒产业一定会展现出更大的发展空间与竞争优势。

2017 年 9 月于银川

崛起中的贺兰山东麓产区

　　宁夏位于中国内陆，属温带大陆性气候，土地总面积 6.64 万平方公里，总人口近 600 万人，是中华文明的发祥地之一。贺兰山东麓地区以自然条件、土地资源、灌溉便利、区位优势被国内外专家及业内人士公认为优质葡萄及葡萄酒产区之一。近年来，宁夏把葡萄及葡萄酒产业作为特色产业来培育，集中在贺兰山东麓地区建设葡萄产业带，形成青铜峡市、永宁县、红寺堡区及农垦集团农场等葡萄主产县（市、区、场）。目前，全区葡萄基地面积 17 万亩，其中酿酒葡萄基地面积 10 万亩，葡萄酒生产企业 14 家，葡萄酒加工能力 5 万吨，已涌现出西夏王、御马、贺兰山、鹤泉等一定规模的葡萄酒加工企业，张裕、王朝等国内著名葡萄酒企业进入宁夏办基地、建酒厂，有力地推动了宁夏葡萄及葡萄酒产业快速发展。但同国内主要葡萄产区相比，宁夏产区在规模发展、品牌培育、标准化管理以及龙头企业带动等方面还存在较大的差距，还需要各位领导、专家、同行、企业界朋友继续对宁夏葡萄及葡萄酒产业发展多关心、多支持。

此次论坛邀请了国内葡萄及葡萄酒产业专家、企业共聚一堂，目的是相互交流，共同提高，推动宁夏葡萄及葡萄酒产业持续发展。借此机会，围绕论坛的主题"特色、创新、和谐、发展"，就贺兰山东麓产区的情况与各位专家、来宾共同交流一下。

❦ 立足贺兰山东麓产区优势，做大葡萄及葡萄酒产业规模

首先，要做大葡萄基地规模。没有规模就没有规模效益，就难以充分发挥产区比较优势。一是宁夏已明确提出"十一五"期间建成标准化葡萄生产基地30万亩，其中建成酿酒葡萄基地20万亩，形成10万吨葡萄酒加工能力，把贺兰山东麓产区打造成国内主要酿酒葡萄生产加工基地；二是针对产区冻害重、产量低、土壤瘠薄等限制因子，总结20多年来的发展经验，提出开沟培肥土壤、沟状定植苗木等技术措施，基本克服了这些限制因子对葡萄产业发展的制约；三是以青铜峡市、永宁县、红寺堡区及农垦集团的黄羊滩农场、玉泉营农场为抓手，突出县域特色，做大基地，做深加工，做出品牌。

其次，要培育壮大龙头企业。强龙头是做强葡萄及葡萄酒产业的关键。一是以做大葡萄基地、做强葡萄酒龙头企业为切入点，合

理布局，突出规模，发展相关配套产业，完善配套产业体系；二是主产市县以重点项目建设为载体，按照吸引"三资"建一批、整合资源壮一批、政策引导强一批、机制创新活一批的思路，多措并举，积极引进国内外葡萄酒龙头企业参与宁夏葡萄及葡萄酒产业发展，加快培育壮大加工龙头企业。

最后，要政策引导、政府推动。一是宁夏人民政府 2004 年发布了《关于加快葡萄产业发展的实施意见》，明确葡萄产业发展目标、重点和政策；二是青铜峡市、永宁县、红寺堡区及农垦集团等主产区提出各发展 10 万亩基地的目标；三是明确了以酿酒葡萄为重点，以鲜食葡萄、设施葡萄为补充的发展思路。

❧ 立足贺兰山东麓产区品质优势，打造葡萄及葡萄酒特色品牌

世界葡萄及葡萄酒国家的发展经验证明，著名的葡萄产区都以产区优良的品质和特色产品驰名世界。贺兰山东麓产区以其特殊的环境条件，支撑了葡萄及葡萄酒产业特殊的要求，在提升产区品质、打造特色品牌方面具备优势。

第一，贺兰山东麓具有独特的自然环境。贺兰山东麓位于北纬 37°43′～39°23′、东经 105°45′～106°47′，处于世界葡萄种植的黄金地带。该地区海拔 1100～1450 米，地势平坦，年日照时数 3000 小时左右，降水量少，昼夜温差大，属典型的大陆性气候。贺兰山的天然屏障，引黄灌溉的便利条件，河套冲积形成的沙质、透气性好、矿物质含量丰富的灰钙土壤，决定了能种出品质一流的葡萄；土地集中、便于连片开发的土地资源优势，与世界上许多特色优质葡萄

产区有很多相似的文化与开发条件，奠定了可以大规模建设特色优质葡萄产区的基础。

第二，贺兰山东麓具有深厚的文化积淀。葡萄及葡萄酒特色与品牌的培育不仅需要独特的自然环境，更需要丰厚的文化底蕴。宁夏平原传统农耕文明可以上溯到 2000 多年前，是黄河文化的主要发源地。贺兰山东麓拥有神秘的"东方金字塔"——西夏王陵，现存的摩崖岩画可上溯到 5000 年前的史前文明。元代诗人马祖常在《灵州》一诗中有"蒲萄怜酒美，苜蓿趁田居"的著名诗句，证明了贺兰山东麓葡萄酒品牌的悠久历史和文化底蕴。贺兰山东麓具备了打造葡萄酒品牌的地理和文化条件，完全可以培育出国家级乃至世界级的品牌。

❦ 立足国内外市场发展态势，做好葡萄及葡萄酒产业服务

贺兰山东麓产区已成为国内外专家及业内人士普遍看好的最优质产区之一。要依托历史文化、独特环境等优越条件，以打造国内重点葡萄及葡萄酒生产加工基地为目标，培育贺兰山东麓葡萄及葡萄酒产区和产品品牌，推动葡萄及葡萄酒产业快速健康发展。我们要着力从以下几方面进行重点突破。

第一，突出特色，推行葡萄规范化种植。好的葡萄酒产区需要优质的原料基地做支撑。为了使贺兰山东麓产区成为有特色、高品质酿酒葡萄、鲜食葡萄的生产基地，我们先后邀请法国、意大利、澳大利亚等国专家学者到宁夏考察讲学，多次组团赴法国、美国等产区考察培训，组团到国内烟台、昌黎等产区参观学习，并邀请国

内葡萄、葡萄酒行业的专家罗国光、李华、晁无疾等教授到现场指导。我们大力筛选适合本区域的特色品种，推行品种的区域化布局、苗木的优质化生产、基地的规范化种植、生产的标准化管理、品质的生态化要求。在新基地建设中，必须推行嫁接苗木、沟状栽植、培肥土壤等关键技术，对现有低产葡萄基地实行"一清三改"技术以实现全面改造提升。青铜峡市、永宁县等主产市县都制定了10万亩葡萄及葡萄酒基地发展规划，把特色品种种植到最适宜的地区。宁夏大学建成了葡萄与葡萄酒教育部工程研究中心，聚集区内外30余名专家研究解决葡萄产业发展中的问题。多家企业同区外企业合作，建立优质葡萄苗木生产基地，推广优质嫁接苗木。推进企业直接参与葡萄基地建设与管理，建设栽培标准化示范区，从葡萄及葡萄酒产业发展的各个环节严格规范和管理，提升贺兰山东麓产区品牌。

第二，加大科研攻关和技术推广力度。特殊环境条件下的葡萄及葡萄酒产业发展需要科技支撑。应充分利用国内外科研院所和高等学校的力量，对葡萄及葡萄酒区域化布局、标准化生产、特色产品研发等产业链条中的关键技术难题进行研究，为贺兰山东麓葡萄及葡萄酒走向国内外市场提供技术保障。集中人力、智力和物力，建设一批示范园区，整合一批良种、实用技术、新机制，在示范园区集中应用，使示范园区成为葡萄及葡萄酒产业发展样板和培训基地，带动葡萄及葡萄酒产业快速健康发展。主产县区建设一批乡级农民技术骨干培训学校，广泛开展技术培训，把先进的经营理念、实用的生产技术传授给农民，切实提高农民经营葡萄产业的素质和水平，提升葡萄及葡萄酒产业发展的整体水平。

　　第三，加强对葡萄及葡萄酒产业的管理和引导。为推进宁夏葡萄及葡萄酒产业快速发展，自治区人民政府出台了《关于加快葡萄产业发展的实施意见》，成立了宁夏葡萄产业办公室（宁夏果树技术工作站）、宁夏葡萄产业协会，管理和指导宁夏葡萄及葡萄酒产业的发展，组建宁夏葡萄产业专家组，指导葡萄产区技术管理和企业产品研发。以贺兰山东麓葡萄酒地理标志保护产品为依托，实施产区原酒品牌战略，以龙头企业为主体，以传统文化、地域优势、产品质量、服务管理培育产区和产品品牌；以引进国内外知名葡萄酒企业为抓手，用5～10年时间，规范管理、创新工艺，改造提升现有葡萄酒企业，研发新品，开发特色，推进葡萄及葡萄酒产业运行机制和管理体制的创新，打造和培育贺兰山东麓葡萄及葡萄酒产区和产品品牌。积极推进基地绿色食品、有机食品认证，推进葡萄

酒企业 HACCP 认证、QS 认证，培育中国名牌产品、省级名牌产品，让贺兰山东麓葡萄及葡萄酒产业品牌真正得到国内外的认可。

第四，营造良好的葡萄及葡萄酒产业发展环境。为了更好地促进葡萄及葡萄酒产业发展，出台了葡萄及葡萄酒产业长效发展政策，在基地建设、新产品研发、龙头企业发展、市场品牌培育等重点环节给予资金扶持和政策引导。以优惠政策，广泛吸引外资、银行、民营资本参与产业开发和建设。推进东西部葡萄产区、企业合作，促进我国葡萄酒产业和谐发展。发挥新闻媒体正确的舆论导向作用，宣传贺兰山东麓产区优势、发展政策、市场空间、经济效益。调动一切积极因素，营造宁夏葡萄及葡萄酒产业良好的发展环境，推动葡萄及葡萄酒产业快速发展、全面提升。

贺兰山东麓葡萄及葡萄酒产业刚步入快速发展阶段，应始终坚持走特色、创新、和谐、发展之路，到 2010 年，贺兰山东麓优质酿酒葡萄基地发展到 20 万亩，具备年 15 万吨葡萄产量、10 万吨葡萄酒生产加工能力，努力把贺兰山东麓打造成国内主要的特色突出的葡萄及葡萄酒生产加工基地。宁夏葡萄及葡萄酒产业发展刚起步，与国内外知名产区相比存在较大的差距，真诚地希望各位领导、各位专家、各位同行畅所欲言，对宁夏葡萄及葡萄酒产业发展多提宝贵意见，我们将虚心接纳，认真学习，全面落实，同时，也真诚地希望大家能够多了解宁夏，多关心和推荐贺兰山东麓葡萄及葡萄酒产业，多引荐国内外葡萄酒企业来宁夏投资合作，共谋发展，把贺兰山东麓葡萄及葡萄酒事业做好。

2006 年 9 月于银川

聚力高质量发展，深耕葡萄酒品牌

2018 年我国葡萄酒进口量首次超过国产葡萄酒，这标志着我国葡萄酒市场进入新时代。宁夏已建成近百个酒庄，成为我国葡萄酒重要的酒庄酒集中产区，已有近 4 万公顷酿酒葡萄原料基地，是我国酿酒葡萄原料基地最集中的产区。要以酒庄（企业）为主体，以提升宁夏产区葡萄酒市场竞争力和亩产葡萄酒价值为突破口，加快宁夏葡萄酒产业转型发展。这是整合优势资源、做强做优酒庄（企业）的现实需要。我国葡萄酒产业已步入理性消费和品牌发展的时代，目前高中低端产品供求失衡、质量与价格的矛盾突出，以中高端产品为代表的大单品增势明显，正在向龙头企业和优势品牌集中。以满足消费者需求为中心的营销模式正在重构，葡萄酒质量和品牌竞争更加激烈。立足宁夏产区实际，建设优质原料基地，推进酒庄基地一体化生产经营，确保葡萄酒质优品稳，打造具有国内外影响力的产区、产品品牌，将成为推动宁夏葡萄酒产业高质量发展和品牌升级、增强市场竞争力的聚力点。

❧ 培育壮大酒庄（企业）

酒庄（企业）是贺兰山东麓葡萄酒产区走向国内外市场的主体，卓越的产区必须有卓越的葡萄酒企业品牌，反过来贺兰山东麓产区又是酒庄立于消费者心中的根和支撑。目前，近百家酒庄（企业）之中有年加工能力 1 万吨以上的企业 7 家、年加工能力 1000 吨以上的企业 26 家，其余均在 1000 吨以下。长城、张裕、保乐力加、轩尼诗、美的等一批中外、行业内外知名企业来宁投资，促进了宁夏产区的发展。要以产区为平台，以资本、品牌和人才为纽带，积极引进战略合作伙伴，谋求与国内外优势企业开展股权转让、并购等多种形式的合作，壮大葡萄酒企业，延长加粗葡萄酒产业链。推动产区内企业通过联合、收购、转让等进行战略重组，增强酒庄（企业）的市场竞争力。推动符合条件的酒庄（企业）进入资本市场，组建产业联合体，启动和加快上市进程，以此实现产业资源整合和集中度提升。酒庄（企业）要加大技术、设备改造升级力度，降低物耗、能耗。建立产地政府对酒庄（企业）的人才引进激励机制，激发酒庄（企业）内生发展动力。力争用 5~10 年时间，一是培育 3~5 家年产销葡萄酒万吨以上、销售收入突破 10 亿元的大型企业集团，8~10 家年产销葡萄酒 5000 吨左右、销售收入过 5 亿元的酒庄（企业）；二是集中扶持 10 家左右年产销葡萄酒 1000 吨左右、销售收入过亿元的精品酒庄，一批年产销葡萄酒 100 吨左右、销售收入过 3000 万元的知名酒庄；三是鼓励一批酒庄（企业）开展葡萄园参观、葡萄酒品鉴等研学游、体验休闲游，不断丰富葡萄酒旅游产品，使其融入宁夏全域旅游之中，以旅游带动 30 家左右酒庄（企业）实现三次产业融合发展；四是通过对酒庄（企业）注入国有资本和产业基金，引进社会资本与品牌，优化法人治理结构，建立完善的现代企业制度，增强酒庄（企业）的创新力与带动力。

🌱 扩大优质原料基地

拥有优质原料基地，是酒庄（企业）葡萄酒的最大竞争力。一是宁夏产区已引进130多个世界优良的酿酒葡萄品种，实践证明，有近20个品种在宁夏产区表现优良。产区应依据土壤、气候、市场选择适宜品种种植，酒庄（企业）依据未来产品进行品种结构配置；同时依据市场消费者对葡萄酒的需求，对葡萄园从品种、规模、产量、质量上进行分类经营管理。二是从供给侧组织葡萄园生产，达到亩产量最大、质量最优、效益最高，实现优质原料基地高标准建设。酒庄（企业）是优质原料基地建设的主体，没有原料基地的产区不能成为葡萄酒产区，酒庄（企业）没有稳定的原料基地不能生产酒庄酒。三是支持酒庄（企业）将原料基地作为酿造高品质葡萄酒的第一车间，大力推进酒庄基地一体化生产经营；推广"酒庄—基地—农户"的订单生产模式，扩大一部分专业从事酿酒葡萄种植的农户和企业的生产规模，同酒庄（企业）形成紧密的产加销利益综合体。四是实施现有酿酒葡萄基地产量效益倍增计划。通过有机肥增施、树体架形改变、水肥一体化供给、病虫害无害化防治等技术措施的应用推广，酿酒葡萄亩平均产量从目前的240瓶（每瓶750毫升）提高到500瓶（每瓶750毫升）。宁夏产区应主动顺应葡萄酒市场实际需求，分类组织好酿酒葡萄生产供给，力争亩产酿酒葡萄及酿造的葡萄酒产值达到5万元以上。

❧ 调优产品供应结构

顺应国内外葡萄酒市场需求，从产区和酒庄（企业）两个层次，战略性、资源性、比较性、差异性四个方面对产品结构进行优化调整。战略性是指宁夏产区定位于只生产酒庄酒，酒庄（企业）以中高档产品为主，形成以干红和干白葡萄酒为主导、其他酒类为辅助的产品结构，处理好当前发展与长远发展的关系。资源性是指宁夏产区适合开发种植酿酒葡萄的土壤资源有限，酒庄（企业）应根据自建自管基地实际，选择好品种与产品类型，在特、精、优产品上有所突破。比较性是指从市场空间与消费者群体的比较优势分析，产区应立足中高档葡萄酒的市场定位，酒庄（企业）应立足实际考虑高端产品引领、中高档产品支撑、产品差别化供给的策略，处理好产品精准供应与市场需求的关系。差异性是指从国内葡萄酒消费与渠道供应分析，目前宁夏产区与酒庄（企业）应实施大单品战略，聚力发展中高端大单品，酒庄（企业）应扩大 100～300 元 / 瓶的中档葡萄酒产品的市场份额，深挖市场需求，开发差异化、特色化、时尚化的产品，激发大众消费潜力，满足不同收入水平消费群体的需求。力争用 5～10 年时间，集中培育 10 个左右年营销额过亿元的大单品；集中优势资源，打造 2～3 个年营销额过 3 亿元的大单品，形成宁夏葡萄酒大单品种群，引领产品市场供应结构的调优。

❧ 全面提升产品质量

葡萄酒质量的提升，涉及酿酒葡萄品种、苗木种植、葡萄质量、酿造工艺、装瓶包装、市场销售等十多个环节，这些环节都要进行精细化、标准化、极致化生产控制，葡萄酒品质才能保持稳定。这里重点探讨种植、酿造、陈酿、销售等现阶段突出的四个环节对质量的影响。一是种植环节受葡萄园土壤、气候、品种、栽培技术影响大，现有葡萄园提质增产的关键在于整形修剪、合理负载、施肥灌水、病虫害防治等有效技术措施的应用到位、精准，解决好产量与质量最大化的优化配置关系。新建葡萄园要精准选址，进行土壤调查、气候调查，选好适宜品种，明确高标准建园与管理的技术措施。二是酿造环节受原料质量、采摘时间、辅料精准投入、发酵过程精准调控影响大，要确定产地不同葡萄品种的最佳采摘期，采摘后要以最快速度、最短时间将原料送到车间处理，使原料各项指标符合所生产产品的最佳品质要求。三是陈酿环节受市场所需产品风格特点及原料情况影响大，要明确每个发酵罐发酵时间长短、辅料投入量与温度条件的调控精准度。酒庄（企业）要依据产品目标市场与消费群体的需求，将完成发酵的原酒划分出需要陈酿的等级，进行陈酿工艺处理，做好葡萄酒调配，进一步提升葡萄酒品质。四是销售环节要精准控制好运输条件，重点做好产品的环境和温度控制，这个过程直接影响优质葡萄酒到消费者"最后一公里"的品质。

❀ 大力开展市场营销

以国内消费升级和市场需求为导向，以酒庄酒生产为主线，加强贺兰山东麓葡萄酒产区、酒庄（企业）、经销商及消费者的融合互动，增强酒庄（企业）、经销商和终端消费者之间的诚信守约意识，建立利益共同体。贺兰山东麓产区是酒庄（企业）走向国内外市场的根，挖掘产区风土、历史文化是酒庄（企业）立足市场的魂。一是支持酒庄（企业）立足国内市场，放眼国际市场，研究分析不同区域、不同阶层的消费人群，做好产品市场分级工作。二是酒庄（企业）要根据市场需求、未来发展的战略目标，精准定位葡萄酒的主导产品风格、目标产品价格，实施促进市场营销的产品结构优化方案。研究选择好进入市场的渠道，加大主导产品的市场推广，在目标市场的主流媒体和新媒体上进行经常性宣传推介。三是支持重点酒庄（企业）建立多层级、多渠道以及区域性、全国性或全球性的营销网络体系，积极支持酒庄（企业）从一二线城市转向三四线城市进行大单品的市场开发。四是倡导一个酒庄（企业）集中一个区域性市场做深做透，避免全面开花、没有目标市场。实施

葡萄酒线上线下一体化营销推广计划，搭建贺兰山东麓产区葡萄酒营销平台，开发产区葡萄酒教育课程，通过葡萄酒＋、旅游、文化、研学等跨界融合形式，提升宁夏贺兰山东麓产区影响力，促进一批酒庄（企业）的产品走向国内外市场。

❦ 打响产区产品品牌

宁夏产区要想让风土品质优势转化为品牌优势、市场优势，让国内外消费者认可产区风土条件，从众多葡萄酒品牌中选择宁夏产区的产品放心消费，关键是让葡萄酒品质达到最优，并且品质能长期稳定下来，品质好才能带动品牌响。一是政府应集中力量打响宁夏贺兰山东麓产区品牌，讲好产区历史文化、风土品种的故事，让更多消费者知道贺兰山东麓产区葡萄酒是优质的。二是酒庄（企业）要下大力气把产品品牌做响，讲好酒庄风土、品种、品质与文化的故事，让消费者记住葡萄酒品牌。三是对宁夏产区来讲，酒庄酒和中高档葡萄酒是产区的发展定位，要以提质稳质降成本来增强市场竞争力，以精益求精、追求卓越的价值取向来提升品质，从葡萄酒风格、产地风土、葡萄栽培、酿造工艺、葡萄酒性价比和生产年份六个关键要素入手，培育好贺兰山东麓葡萄酒产区品牌，建立严格的原产地管理制度。四是对酒庄（企业）来讲，要培育自主品牌，围绕研发创新、设计创意、风土品种、质量管控和市场营销的全过程，制定品牌培育战略，构建品牌体系。品牌培育应立足葡萄酒产业发展规律，固化产区特点、稳定品种特性、瞄准目标市场，建立技术支撑体系，从全产业链谋划设计，增强酒庄（企业）品牌引领带动能力，提升政府与企业双向协同打造品牌的合力。以品牌和资本促进葡萄酒三产融合发展，形成葡萄酒完整的产业链和价值链。

❧ 培育提升人才素质

实施葡萄酒全产业链人才提升计划，建立具有国际视野、创新理念的人才队伍是关键。要对标世界主要葡萄酒国家和知名产区的发展经验、制度和标准，建立葡萄酒产业研发、技术推广和酒庄经营等专业人才队伍，引进培育种植、酿造、品鉴、检验等专业技术人才和营销管理人才，使产区人才培训、职业技能竞赛常态化、制度化。开展自治区级种植师、酿酒师等人才的评选和培养工作，满足葡萄酒产业发展人才需求。酒庄（企业）要实现高质量发展，必须广招国内外优秀人才，建立现代企业制度，留住种植、酿造、营销等方面的人才，企业要多支持这些人才走出去参加培训学习，广泛开展国内外交流考察，拓宽其视野，不断提升其解决问题的能力。目前，宁夏产区葡萄园产量低、葡萄酒质量不稳定、市场营销困难等问题突出，这些问题的实质是产区和酒庄（企业）的创新性人才缺乏。一是对葡萄园来讲，没有因土壤、因品种精准提出栽培技术及管理措施，只是凭经验、凭模仿采用传统的栽培方法，投入不减，但成效甚微。二是对葡萄酒酿造工艺来讲，没有因原料、因产品精准提出酿造工艺及调控指标，只是凭经验、凭感觉采用传统的酿造工艺，所产葡萄酒品质提升空间小。三是宁夏要成为世界知名葡萄酒产区，一定需要大师级的种植师、酿酒师、营销师、职业经理人等人才团队，带领贺兰山东麓产区及酒庄（企业）走向世界。

❧ 推进绿色科学发展

加强贺兰山东麓葡萄酒产区及周边区域环境保护和治理，建立和完善酒庄（企业）在生态环境保护和生态建设中的补偿机制，支持酒庄建立葡萄园防护林和园林式酒庄，禁止在产区内或周边建设高污染、高耗能企业，以及发展不符合环保要求的产业。加强宁夏产区品种选育、葡萄种植、酿造工艺、产品风格等基础研究，集成配套技术工艺，形成比较科学规范的制度和技术体系，确保实现宁夏产区与酒庄（企业）三个精准分类和科学发展。一是葡萄园要分类生产。针对产地、土壤、气候、品种等特点，制定出葡萄园产量、质量的目标，分类施策，达到亩产效益最大化。二是葡萄酒要分类酿造。针对原料量化指标，制定出分批次酿造工艺及品质调控措施，补齐原料品质不足的短板，达到葡萄酒品质最优化。三是葡萄酒产品要分类上市。针对葡萄酒的风格特点，调研消费市场的需求，以市场需求为导向，组织好葡萄园分类生产、葡萄酒分类酿造，满足目标消费者对葡萄酒品质的需求且使产品性价比最高。四是鼓励酒庄（企业）加强产学研合作，优化产品结构，提升葡萄酒品质，增强市场竞争力，培育一批科技型酒庄（企业），建立一批企业创新平台，引领支撑宁夏产区科学发展、高质量高效益发展，让宁夏贺兰山东麓葡萄酒产区品牌更响。

2019 年 1 月于银川

刊于《宁夏工作研究》2020 年第 2 期

用"六个精准"推进葡萄酒高质量发展

　　宁夏葡萄酒产业经历了引进试验示范、快速规模增长、质量全面提升等发展阶段，现已进入高质量融合发展和品牌升级阶段。现阶段贺兰山东麓产区品牌和葡萄酒已引领中国葡萄酒高质量发展。世界新旧葡萄酒国家知名产区都有 150 年以上发展期，有的多达 1000 年以上，产区风土品种与葡萄酒风格均已形成，而贺兰山东麓葡萄酒产区发展历史不到 40 年，产区风土品种、质量、风格等都处于研究成长期。酒庄要有战略耐心，要有国际视野，更要有不断提升品质的决心。宁夏产区适合有机葡萄酒生产并具备相关条件，有机葡萄酒生产将成为中高端葡萄酒的发展趋势。优质葡萄酒是适宜品种与土壤、气候的深度融合，贺兰山东麓葡萄酒品质有很大提升空间。

有别于世界新旧葡萄酒国家，中国有巨大的葡萄酒市场与消费需求，属于世界葡萄酒第三极的代表。应加强产区宣传与葡萄酒推广，培育壮大领军企业，增强酒庄（企业）市场竞争力，提升贺兰山东麓葡萄酒产区在国内外的影响力。

葡萄种植品种要精准布局

对种植区域进行深入调查研究，选择适宜发展区域、适宜发展品种，使种植区域的土壤、气候与选择的品种相互适应、精准融合，让风土条件与栽培品种两个优势得到提升。

葡萄园生产要精准分类

按照酒庄的产品结构与葡萄酒风格，将葡萄园依据土壤、地形、气候、品种、架形等进行精准分类，制定出每片葡萄园产量、质量的年度生产目标，组织好管理，满足不同产品对不同优质原料的需求。

葡萄采摘要精准监测、适时进行

影响酿酒葡萄最佳采摘期的要素比较多，气候方面有光照、积温、降雨等，立地条件有土壤、海拔、坡向等，不同品种、架形、结果部位、树龄等，也会影响酿酒葡萄生长发育期。采摘前30多天，要适时对葡萄园进行分类，对葡萄生长结果进行定期抽检，按照葡萄酒产品酿造需求，确定最佳采摘期，组织好采摘与酿造。

葡萄酒酿造要精准分类，调控工艺

每个产区同一年度生产原料之间有差异性，每片葡萄园同一品种年度之间也有差异性，酿酒师应针对葡萄酒所需原料品质指标，精准调控好原料生产管理、采摘时间、辅料投入、发酵工艺等要素，统筹考量，补齐品质差异短板。

葡萄酒产品要精准确定市场需求，调优品质

要达到葡萄酒品质最优、价值最大，酿酒师应针对国内外市场的多样性消费需求，利用不同葡萄品种、不同地域、不同酿造工艺等所表达的品质特征，精准分类原酒，发挥各自的风格及品质优势，用不同原料调配出最优的品质。

葡萄酒商品要精准定位市场营销

酒庄（企业）应立足国内市场，放眼国际市场，研究分析不同区域、不同消费阶层的生活习惯及对葡萄酒品质的需求，构建有竞争力的价格体系，精准做好目标市场产品宣传推广、分区分级工作。

宁夏葡萄酒产业高质量发展要立足新发展阶段、贯彻新发展理念、构建新发展格局，从四个方面去发力，即放大产区优势，高标准打造优质酿酒葡萄基地；做强龙头企业，高起点打造品牌酒庄集群；推动全产业链融合发展，充分发挥市场优势、释放市场潜能；提升品牌价值，打响贺兰山东麓产品品牌。

酒庄（企业）是高质量发展的主体，改变酒庄庄主的认识，才能让企业有高度。今天中国葡萄酒市场竞争激烈不是因为对手太强，而是因为企业自身太弱。酒庄（企业）应坚定信心，用自信去照亮国产葡萄酒的前景；坚持诚信守法经营，走高质量赋能之路；坚持绿色生态理念，走生态低碳赋能之路；坚持智能化、机械化，走数字赋能之路；坚持葡萄酒文化中国化，走文化赋能之路。贺兰山东麓葡萄酒产区要走向世界，必须培育一批领军葡萄酒企业与品牌，建设一支集科研、生产、推广、管理、营销等为一体的葡萄酒全产业链专业队伍，植入适应不同消费区域的葡萄酒文化，增强酒庄（企业）在国内外市场的竞争力。

中国葡萄酒市场产品营销时代即将结束，迎来的将是品牌营销时代。品牌营销一定要用中国葡萄酒文化重构葡萄酒目标客户的生活方式，让葡萄酒文化融入消费者生活。葡萄酒品质是一个品牌应有的基石，塑造品牌不在产品本身，而在于产品背后文化所倡导的消费价值。文化对葡萄酒品牌起着决定性作用，是贺兰山东麓葡萄酒产区品牌和酒庄葡萄酒品牌之魂。宁夏要坚守品质、创新文化，尽快用葡萄酒文化构建产区品牌形象和企业品牌形象。

2020 年 10 月于银川

新时代宁夏葡萄酒产区的定位

　　宁夏葡萄酒产业已进入新的发展阶段，现阶段应聚焦高质量发展和打响产区品牌与产品品牌，让国内外都知道贺兰山东麓葡萄酒品质是世界一流的。培育贺兰山东麓产区品牌，让世界都知道贺兰山东麓不是"中国的波尔多"，也不是"中国的纳帕"，而是中国的"贺兰山东麓"，是世界的"贺兰山东麓"，其生态条件是独一无二的、不可复制的。进入宁夏产区的酒庄（企业）必须有稳定的原料基地，酒庄基地一体化经营是发展方式，中高端酒庄酒是宁夏产区的产品定位。

　　世界上一些知名葡萄酒产区都有适合酿酒葡萄栽植的气候、土壤，并且研究总结出了适合产地与品种的栽培管理技术和酿造工艺。世界上任何一个知名葡萄酒产区都有这样那样的不足，这些产区为什么知名，就是他们把产区的不足变成了优势和产区独有的风格。实践证明，宁夏贺兰山东麓产区是一个世界级的优质葡萄酒产区。宁夏贺兰山东麓葡萄酒产区有别于世界新旧葡萄酒产区，为了实现高质量发展，就得克服产区不足，集成配套好关键技术，提升葡萄酒品质。

要针对气候、土壤等风土条件的不足，种植品种存在的缺陷，研究与之相匹配的优质栽培管理技术，在栽植密度、树体架形、水肥投入、产量控制、采摘时间等主要环节予以调控，以此来克服补偿自然条件不足与品种缺陷，做到宜风土、宜品种、宜品质。

针对市场需求，一个成熟的产区、酒庄及品牌的葡萄酒要有质量、风格的相对稳定性与一致性，但气候条件、原料质量每年都有差异性，酿酒师要通过确定最佳采摘期、调控酿造工艺、调配葡萄酒品种等措施，生产出高品质葡萄酒。贺兰山东麓产区尚处于成长期，还有很大的提升空间。

针对产区、产地，葡萄园经营管理要精准分类。世界知名葡萄酒产区都有左右岸之分，产区内依据温度、湿度、光照、积温、海拔、降雨及土壤等风土条件的不同，应划分成若干个相对稳定的小产区进行分类管理。酒庄（企业）要根据微气候的不同对葡萄园生产经营目标进行精准分类，精准施策，达到所生产的酿酒葡萄品质最优、产量最大、收益最高，酒庄（企业）要建立引进并留住人才的机制，在优质产能持续释放的同时，加强品牌端和营销端的投入。

为了实现"当惊世界殊"，要用宁夏的风土、中国人的匠心，酿中国消费者最喜爱的葡萄酒，增强宁夏葡萄酒的产区自信、品质自信、文化自信，这是贺兰山东麓葡萄酒产区走向世界的必由之路。

2021 年 5 月于银川

把握宁夏葡萄酒产业发展规律

葡萄酒是世界上广泛流行的饮品之一。全球有 73 个国家或地区都生产葡萄酒，年产量超过 1 亿升的葡萄酒国家有 22 个，全球几乎所有国家或地区都在消费葡萄酒，年消费量超过 1 亿升的国家有 31 个。世界葡萄酒人均年消费量达 3.5 升。中国葡萄酒年产量世界排名第 10 位，年消费量世界排名第 5 位，中国葡萄酒人均年消费量只有 1.5 升。与世界葡萄酒平均消费量相比，中国葡萄酒未来消费市场潜力巨大。

一般而言，有新旧葡萄酒国家之分。旧葡萄酒国家以法国、意大利、西班牙等为代表，其发展历史均在 1000 年以上，甚至历史更长，主要分布在欧亚地区，比较集中，气候相对凉爽；生产的葡萄酒酒体更轻盈、酒精度较低、酸度较高、果香表现力较弱、陈年潜力强；突出不同产区、风土与品种的特点，在表现力上相对内敛，颜色也没有那么鲜亮；注重打造"法定产区品牌"，偏向"先有酒，后有消费者"。新葡萄酒国家以美国、澳大利亚、智利等为代表，其发展历史均在 150 年以上，主要分布在北美洲、南美洲、大洋洲等地，比较分散，气候相对偏热；生产的葡萄酒酒体更饱满、酒精度高、酸度较低、果香表现力强；更加注重葡萄本身的生产，葡萄酒果香也更重，风味浓郁，酒体更加圆润，单宁更加柔和，宜饮程度高；注重打造"酒庄品牌"，偏向"先有消费者，后有酒"。

中国葡萄酒有上百年历史，其代表为张裕酿酒公司。2000 多年前张骞出使西域引入葡萄栽种，汉唐时期创造出灿烂的中国葡萄酒文化，元朝葡萄酒达到鼎盛期，清末开始衰落。考古发现，河南新石器时代贾湖遗址（距今 9000 年左右）有葡萄混合发酵而成的饮品。新中国成立之后，葡萄与葡萄酒产业得到迅速发展。20 世纪五六十年代，中国从保加利亚、匈牙利和苏联引入葡萄品种栽植，20 世纪 80 年代从欧洲引入酿酒葡萄品种发展现代葡萄酒产业，已形成山东、河北、宁夏、新疆、甘肃、辽宁等 10 个有一定规模、不同特点的葡萄酒产区。中国葡萄酒产业从世界葡萄酒产业发展史中学习借鉴技术、经验与文化，用葡萄酒这种世界语开展国际交流合作。近十年新旧葡萄酒国家发展理念影响着国人对葡萄酒文化的认知，同时融合形成中国自己的葡萄酒风格与文化，将中国饮食文化与独具特色的葡萄酒相搭配，在餐桌上续写出中国乃至世界葡萄酒历史的新篇章。

宁夏葡萄酒产业起步于 20 世纪 80 年代初，历经引进试验示范、快速规模增长、质量全面提升等发展阶段，同世界近 30 个主要葡萄酒国家在品种、技术、人才等方面开展了交流合作，葡萄酒产品也出口近 40 个国家或地区。宁夏贺兰山东麓葡萄酒产区影响力进一步提升，现已进入品牌品质与全产业链升级关键期，应充分发挥区位优势和资源禀赋优势，坚持酒庄基地一体化经营、原料是优质葡萄酒生产的第一车间、酒庄酒的发展模式，引领国内葡萄酒产业高质量发展。

宁夏为了发展葡萄酒产业，从国内外引进了优良酿酒葡萄品种 100 多个，建立了三级良种苗木繁育体系。2003 年贺兰山东麓葡萄酒获得国家地理标志产品认证，2013 年自治区人大常委会通过《宁夏回族自治区贺兰山东麓葡萄酒产区保护条例》，2014 年自治区人民政府正式施行《宁夏贺兰山东麓葡萄酒产区列级酒庄评定管理办法》，建成了国内最大的集中连片酿酒葡萄原料生产基地，成为中国最集中的酒庄酒产区。宁夏支持酒庄的产品走出去广泛参加世界知名葡萄酒大奖赛，有 60 多家酒庄获得超过千项大奖，引领了中国高端葡萄酒的发展，还走出了一条葡萄酒与旅游文化等融合的宁夏葡萄酒特色发展之路，得到了国内外业界、消费者的广泛认可。

为把贺兰山东麓建成"世界葡萄酒之都"，要借鉴新旧葡萄酒国家发展经验，坚持绿色、高端、智能、融合发展理念，构建以国内市场为主体，国内国际双循环的市场格局，把握葡萄酒产业科学发展规律，从以下几方面推进葡萄酒产业高质量发展：一是推进品种区域化布局，充分释放产区风土与品种最优品质。二是推进优质原料基地标准化建设，充分释放产品结构与葡萄酒产品最佳风格。三是推进全产业链多业跨界融合发展，充分释放企业竞争力与市场营销最高附加值。四是推进贺兰山东麓产区品牌升级，充分释放酒庄品牌与葡萄酒品牌最大效益。

2020 年 12 月于银川

把优质原料基地建设放在首位

葡萄酒是新鲜葡萄果实或果汁完全或不完全发酵后的饮料，在葡萄酒酿造过程中，糖转化为酒精，酸、酚等物质在一系列复杂的生化反应中生成多种发酵副产物，目前在葡萄酒中已经鉴定出了1000多种物质，形成了葡萄酒的复杂风味。每一款葡萄酒都有独特的风味特征，这主要来自葡萄品种、葡萄生长环境（气候、土壤等）、葡萄生长期和收获期的栽培管理水平，其次才来自酿造工艺和技术，所以，葡萄酒行业内有"七分在原料，三分在工艺"的说法。

优质的原料基地建设与土壤、气候、品种、管理技术以及管理人员密不可分，要达到天时、地利、人和，方能建成优质酿酒葡萄基地。

一是适宜的风土条件。葡萄园的风土条件是酿酒葡萄质量的先天条件，没有得天独厚的风土，就没有如饮甘露的美酒。在风土的各项组成要素中，土壤是优质葡萄生长的基础，气候是优质生产的保障，优质葡萄酒产区都具备得天独厚的自然资源条件。德国摩泽尔产区以优质的雷司令葡萄酒闻名于世，红板岩土壤区域通常黏土较多，出产的雷司令口感更加丰富、饱满，而蓝板岩土壤区域出产的葡萄酒常散发出馥郁的花香，矿物质风味更浓郁。法国香槟产区的白垩土透气性好，质地疏松，利于葡萄树扎根，能够保持足够的水分来滋养葡萄树，同时可将多余水分及时排除。白垩土中也含有丰富的钙离子，出产的葡萄酒酸度较高，优雅却不失活力。土壤条件的自然差异及人为优化措施导致生产原料的多样化，澳大利亚巴罗萨谷土壤过于肥沃，与其他类型的土壤以恰当的比例混合时，就可以出产强劲而又饱满的葡萄酒。气候对葡萄风味的影响属自然属性，一些葡萄品种（如赤霞珠）需要大量的热量才能完全成熟，一些葡萄品种（如长相思和黑比诺）则需要温和或凉爽的气候。每年的天气变化对酿酒葡萄的风味和品质影响也很大，这也是"年份"这一概念提出的主要原因。法国波尔多地区，由于靠近海洋，气候潮湿，有些年份湿度极高，葡萄藤会出现灰霉和贵腐霉，导致葡萄品质与产量大大降低。勃艮第产区把土壤和气候表现得最为极致，葡萄园的土壤、气候、微型环境及坡度等哪怕微小的差别都会在葡萄酒中体现出来，葡萄园划分为地区级、村庄级、一级和特级四个等级，在酒标上也会通过标注葡萄园的名称彰显葡萄产业与葡萄酒的高品质。

二是品种与风土的完美融合。世界上能用来种植的酿酒葡萄品种有 1000 多个，主要葡萄酒国家作为主栽品种的有近 100 个。世界上很多葡萄酒产区都有自己的标志性酿酒葡萄品种，法国共有 12 个 AOC 葡萄酒法定产区，每个产区都有自己的法定品种，如波尔多产区规定了 14 个法定品种，教皇新堡产区有 13 个法定品种，香槟产区只能使用霞多丽、黑比诺和莫尼耶皮诺。一些葡萄酒国家还形成了标志性酿酒葡萄品种，如阿根廷的马尔贝克、新西兰的长相思、澳大利亚的西拉等。这些品种通过引进到不同国家的产区找到了更适宜的种植区域，得到了更优的表现，使品种特性与风土完美契合，生产的原料酿造出风格特异、风味复杂、品质优良的葡萄酒。

三是葡萄园的规范管理。优质的葡萄园除了风土条件与种植品种外，还有与之相匹配的栽培管理技术，包括栽植密度、葡萄架形、水肥投入、产量控制、采摘时间等主要环节的技术措施，以此来克服补偿自然条件不足与品种缺陷，做到宜风土、宜品种、宜品质。如法国波尔多产区湿度高，病害多，发明了波尔多液来防治。

贺兰山东麓葡萄酒产区日照时间长、太阳辐射强、降水量较少、有效积温高、土壤通气透水性好，富含钙、钾元素，总体上具备了生产高端优质酿酒葡萄的条件。宁夏产区先后从法国、意大利、格鲁吉亚、美国等国引进了 130 多个品种（加上不同品系共 170 余个），其中表现优良的红葡萄品种有赤霞珠、美乐、品丽珠、黑比诺、马瑟兰、西拉、蛇龙珠、马尔贝克、小味儿多、丹菲特等，白葡萄品种有霞多丽、贵人香、威代尔、雷司令、长相思、小芒森、白玉霓、维奥涅尔等。经过近 40 年的发展，产区已研究形成了土壤开沟培肥、密度合理、浅沟栽植、倾斜上架、深施基肥、节水灌溉及防护林建设等一系列栽培配套技术措施。

优质原料基地是宁夏产区及酒庄（企业）的核心竞争力。要继续放大产区优势，持续提升原料质量，高标准建设优质酿酒葡萄基地。一是产区精准划分。宁夏贺兰山东麓葡萄酒地理标志产品保护示范区范围广、生态类型复杂多样，现已种植酿酒葡萄近 50 万亩，未来 5～10 年还要发展 50 万亩，要充分研究分析发展区的土壤、气候等风土条件，对酿酒葡萄种植区的风土条件进行等级划分，推进酿酒葡萄种植布局区域化。二是推进品种（品系）布局区域化。宁夏产区已引进的 130 多个酿酒葡萄品种，目前在酒庄规模种植的只有 20 多个，其余品种还处于试验阶段。要加大酿酒葡萄品种（品系）的引进，筛选出不同区域的代表品种、特色品种，推进产区品种（品系）布局区域化。三是现有葡萄园提质增效。现有近 20 万亩酿酒葡萄基地亩产不足 260 公斤，品质、产量都有很大的提升空间，低质低效葡萄园改造提升应是"十四五"期间的重点任务。每个酒庄（企业）要对自己经营的葡萄基地精准分类施策，使葡萄产量稳定在 500～800 公斤。四是高标准新建酿酒葡萄基地。新建酿酒葡萄基地要科学规划设计，以标准化、机械化、信息化为目标，高标准建设。

2020 年 12 月于银川

消费者需要多样化葡萄酒

葡萄酒是自然和人类文明结合的产物。当地球上有葡萄的时候，成熟的葡萄偶然落入一个石头窝，葡萄皮上的野生酵母将葡萄变成葡萄酒，这就是最早的葡萄酒。人类最早的生活从采集野果开始，人们发现采集的野葡萄不能很快吃完，存放较长时间，葡萄就会变成一种特殊的饮品——葡萄果酒，于是，自然和人类文明有了第一次相遇。这时的葡萄酒在很大程度上依赖自然条件——天然的葡萄、天然的酵母和乳酸菌、在自然温度下发酵和储藏，所以，这个时候的葡萄酒种类和口感是单调的。

随着人类生产生活的革新和变化，越来越多的人类文明元素进入葡萄酒之中。从6000多年前的埃及古墓浮雕中可以发现，很多人类文明元素已经进入葡萄酒酿造中：葡萄棚架栽培、人工踩碎葡萄、使用陶罐容器等。这些人类文明元素的加入改变了葡萄酒风味和口感。随着人类文明的发展，工具得到进一步改善和使用，比如橡木容器的大量使用，影响了葡萄酒的储存和陈酿方式，同时极大地影响了葡萄酒的风味和口感。近代以来，随着科学技术的发展，尤其是分子细胞学诞生以后，人们对自然界的认识达到前所未有的高度，人们开始认识到微生物对发酵的机理和作用，开始从自然界的葡萄皮中分离和筛选不同类型的优良酵母、乳酸菌用于发酵，选育杂交了一些野生葡萄品种进行改良驯化。

对于现代葡萄酒酿造来说，虽然酿造技术在不断发展，但是酿造方法和路径已基本定型。一般而言，葡萄酒酿造工艺包含原料成熟度控制、适时采摘、除梗、破碎、浸渍、酒精发酵、苹果酸乳酸发酵、陈酿、调配、下胶、冷冻、过滤、灌装13个主要环节，而每一个主要环节都会有2~3种不同的操作手法。比如同样的葡萄原料，可以带3%~5%果梗发酵（保留清新香气），也可以100%带梗发酵（保留粗壮酒体），而每一个工艺环节的改变都会导致酒体风格的变化。又比如葡萄醪的浸渍时间，可以选择0~8℃的长时间超低温浸渍，也可以选择4~8℃的低温浸渍，浸渍过程中可以选择添加干冰来降温，也可以选择以冷媒循环制冷，浸渍时间可以选择3~5天，也可以选择8~12天，甚至可以选择15~28天，而不同的选择最终所生产的产品是完全不同的，这完全取决于酿酒师经验的积累以及对葡萄原料的认识、对成品酒最终的期望。酿酒师是酒庄的灵魂，应尊重产区葡萄生长规律与葡萄酒酿造工艺要求，最

大限度地激发酿酒师的创造性，使酿造的每一杯葡萄酒价值最优。

随着工业科技的快速发展，酿造设备也推陈出新，造成葡萄酒千差万别。同样的葡萄原料，不同的酿造工艺，不同型号的设备，在不同国家、不同厂家，所产生的结果是千差万别甚至是颠覆性的。以过滤为例，仅葡萄酒过滤装备就分为板框式过滤机、硅藻土过滤机、错流过滤机、反渗透过滤机等，每套过滤设备的用途大致相同，但又不同，有的过滤设备是为了除去大分子颗粒，有的过滤设备是为了除去杂质，有的过滤设备是为了除去菌株，即使一模一样的葡萄酒，经过不同的过滤设备，最终在口感和香气上也会表现得极为不同。毋庸置疑的是，精良的酿造设备至少会提升葡萄酒15％～20％的品质，尤其是在规模化量产的葡萄酒庄，先进的设备对稳定提升品质是极其重要的。

对于一个产区，甚至一个国家的葡萄酒产业来说，葡萄酒产品的种类、风格必然是多样化的，特别是对于我国来说，不同地区、不同民族饮食习惯的差异性造就了对葡萄酒风味的不同需求，多样化、高品质成为国内外消费者对葡萄酒的需求导向。宁夏贺兰山东麓葡萄酒产区地域广、生态类型复杂多样，不同的土壤和气候等自然条件，不同的品种和生产管理技术，不同的酿造工艺及设备调控指标，不同的市场需求和产品调配目标，传递给消费者的产品信息是多样的。对于一个酒庄来说，一方面要有葡萄酒种类和风格的多样性，另一方面同一个系列的葡萄酒要有质量和风格的相对稳定性。酒庄（企业）要根据每年的原料状况调整工艺措施，生产高品质的葡萄酒，让消费者喜爱。

宁夏葡萄酒产区应当立足国内市场，放眼国际市场，顺应消费者需求，稳步提升葡萄酒品质。一是提升葡萄原料品质。加大栽培模式创新与新品种、新技术推广应用力度，提升酿酒葡萄品质。二是培养酿酒人才。酿酒师下连葡萄基地，上连市场消费者，是创新酿造工艺和调控酿造过程的主体，必须建立一支具有国际视野、高水平、创新型的酿酒师团队。三是提升技术装备水平。加强自主创新，支持产区推动酒庄（企业）智慧化、信息化、便捷化机械装备的应用，酿造工艺的升级和科技成果的转化。四是调优葡萄酒品质。加强产区内种植师与酿酒师在生产关键环节的技术固化，促进宁夏葡萄酒"甘润平衡"风格稳定。

2020 年 12 月于银川

优质葡萄酒需要历史文化积淀

葡萄酒的历史几乎是和人类文化史一起开始的。葡萄酒作为一种与人们日常生活更加贴近的消费品，在许多国家承担了输出本国传统文化的任务。据考证，人类在 7000 多年前就已经开始饮用葡萄酒了。世界上最早开始栽培葡萄的地区是小亚细亚，之后南高加索、中亚细亚、叙利亚、伊拉克等地区也开始栽培葡萄。多数历史学家认为，最早开始酿造葡萄酒的国家是波斯，也就是现在的伊朗。希腊是欧洲最早开始栽培葡萄和酿造葡萄酒的国家，一些旅行者和航海家把葡萄栽培及葡萄酒酿造技术从小亚细亚和埃及尼罗河三角洲带到希腊的克里特岛，而后逐渐在希腊诸海岛传开。大约在公元前 3000 年，希腊的葡萄种植业已经极为兴盛了。到 6 世纪，希腊人把小亚细亚原产的葡萄酒通过马赛港传入高卢，即现在的法国，并将葡萄栽培及葡萄酒酿造技术传给高卢人。后来，罗马人从希腊人那里学会了葡萄栽培和葡萄酒酿造技术后，很快在意大利半岛全面推开。随着罗马帝国的不断扩张，葡萄栽培和葡萄酒酿造技术迅速传遍法国、西班牙、北非、德国及莱茵河流域地区，并形成较大规模。15—16 世纪，葡萄栽培和葡萄酒酿造技术从欧洲传入南非、澳大利亚、新西兰、北美洲等国家和地区。在哥伦布发现新大陆以后，殖民者又将欧洲葡萄品种带到南美洲。

伴随着历史的演进和文化的发展，世界葡萄酒国家被分为旧世界国家和新世界国家，主要是基于历史和地理因素而划分的。旧世界国家是指传统葡萄酒生产国，包括法国、意大利、西班牙、德国等欧洲国家。葡萄酒酿造起源于旧世界国家，其葡萄种植和葡萄酒酿造历史比世界上其他新兴国家要久远得多。世界上一些流行的葡萄酒酿造技术和葡萄酒质量控制法规都起源于旧世界国家。新世界国家是指美国、南非、澳大利亚、新西兰、智利和阿根廷等新兴葡萄酒生产国。这些国家的葡萄酒酿造大多兴起于 15—17 世纪，如今在国际市场上也占据着不可忽略的地位。

　　葡萄酒不仅扮演着饮品的角色，还是人类文明的重要组成部分，在引领社会风潮的同时，又因社会的变化而不断创新。葡萄酒庄园不仅是种植酿酒葡萄、酿造葡萄酒的地方，还是休闲旅游、普及知识的地方，更是传承历史、传播文化的地方。世界上许多葡萄酒产区因拥有古老的酿酒历史、丰富的酒文化以及秀丽的自然景观，被联合国教科文组织列入世界文化遗产名录。1999 年，法国圣埃美隆

被联合国教科文组织收录进世界文化遗产名录，成为首个被列入文化景观类世界文化遗产的葡萄酒产区。之后，法国卢瓦尔河谷、奥地利瓦赫奥、葡萄牙杜罗河上游河谷、德国莱茵河中游河谷、匈牙利托卡伊、意大利皮埃蒙特、瑞士拉沃葡萄园梯田、克罗地亚史塔瑞格雷德平原等众多以葡萄酒为特色的地区都被列入世界文化遗产名录。这些产区无一不是人类历史和文明进程中的一部分。

葡萄酒产业不是简单的葡萄种植和葡萄酒酿造，它还连着文旅、教育、服务等产业，以及瓶、塞、箱、保健品、护肤品等配套衍生产业。澳大利亚葡萄酒产业，每100万澳元葡萄酒收入会带来201万澳元的外围产值；西班牙的葡萄酒之路使相关地区的财政收入增长15%。美国葡萄酒产区每年的游客可达4300万人次，同时产生177亿美元的旅游消费，酒庄的葡萄酒销售额有60%是通过游客直接在酒庄购买的直销模式完成的，其中纳帕谷产区一年的游客超过500万人次，是新兴葡萄酒产区葡萄酒产业与旅游融合发展的典范。世界知名葡萄酒产区基本都拥有一所权威而知名的葡萄酒教育学校，如法国波尔多大学、法国勃艮第高等商学院、美国加州大学戴维斯分校、澳大利亚阿德莱德大学、西班牙拉里奥哈大学等，这些院校除了为产区培养种植、酿造、营销等方面的人才外，也针对产区葡萄酒产业遇到或可能面临的挑战、技术瓶颈开展科学研究以及技术推广，从而推进葡萄酒产业的持续发展。英国葡萄酒及烈酒教育基金会（WSET）于1969年开展葡萄酒和烈酒方面的培训及认证，目前该基金会开设的课程授课语言达19种，授课范围遍布70多个国家和地区，有百余万人次获得了WSET资格认证，是全球范围内最大型的葡萄酒和烈酒资格认证机构，仅2018—2019学年，就有十余万名学员报读了 WSET 认证课程。葡萄酒产业是一个真正意义上需要历史文化积淀及三次产业全面融合发展的产业。

中国是世界上葡萄属植物的起源中心之一。原产于中国的葡萄属植物有 30 多种（包括变种），例如产于东北部、北部及中部的山葡萄，产于中部和南部的葛藟葡萄，产于中部至西南部的刺葡萄，分布广泛的蘡薁等，都是野生葡萄。我国最早有关葡萄的文字记载见于《诗经》，《诗经·周南·樛木》载："南有樛木，葛藟累之。乐只君子，福履绥之。"《诗经·王风·葛藟》载："绵绵葛藟，在河之浒。终远兄弟，谓他人父。谓他人父，亦莫我顾！"《诗经·豳风·七月》载："六月食郁及薁，七月亨葵及菽，八月剥枣，十月获稻，为此春酒，以介眉寿。"从以上三首诗大致可以了解到殷商时期，人们就已经知道采集并食用各种野生葡萄了。《周礼·地官司徒》记载："场人掌国之场圃，而树之果蓏珍异之物，以时敛而藏之。"郑玄注："果，枣李之属。蓏，瓜瓠之属。珍异，蒲桃、批把之属。"由此可以看出，早在 3000 多年前的周朝就有了皇室葡萄园，当时人们已经掌握了葡萄栽培和贮藏技术。

1987 年，著名考古学家吕遵谔先生对湖南省怀化市中方县荆坪新元遗址进行考证，发现远在 10 万年至 20 万年前的旧石器时代，这里就有古人类活动的印迹。这里是中国刺葡萄的发源地，通过考古发现，在距今 45000 年前的冰河时代，这里就有野生刺葡萄的存在。最原始的"葡萄酒"是野生葡萄经过其表皮上的野生酵母自然发酵而成的果酒，称为"猿酒"。由于地理环境和气候条件的影响，就像山葡萄酒、毛葡萄酒一样，这种"猿酒"可能较酸，不适合人饮用，才没有像欧亚种葡萄酒迅速发展起来。但就中国葡萄酒的起源和发展史来说，中国也是世界上葡萄以及葡萄酒的起源中心之一，甚至比国外的欧亚种葡萄酒要早几千年甚至上万年。

葡萄酒在我国虽有漫长的历史，但在近代，葡萄种植和葡萄酒生产没有得到足够的重视。直到 1892 年华侨张弼士在山东烟台栽培葡萄，建立了我国第一个近代葡萄酒厂 —— 张裕酿酒公司，中国葡萄酒工业化的序幕才由此拉开。目前，我国已形成了甘新宁西部干旱地区、沿渤海湾地区、黄河古道及淮河流域地区、黄土高原干旱地区、云藏山区等葡萄与葡萄酒生产基地。宁夏葡萄酒产业发展还不到 40 年，产区大部分酒庄都是在近 10 年建设的，尚处于成长期，相比世界知名葡萄酒产区拥有数百年历史的酒庄，宁夏葡萄酒历史文化积淀还不够。宁夏产区一直坚持酒庄基地一体化经营、酒庄酒、三次产业融合的发展模式，并在葡萄酒产业与文旅、教育等产业融合发展上取得了一定成效。优质葡萄酒也需要不断创新，需要培养具有国际视野的葡萄酒产业人才，为此宁夏成立了宁夏大学食品与葡萄酒学院（中国第一个在葡萄酒产区内的葡萄酒学院）、宁夏葡萄酒与防沙治沙职业技术学院、宁夏贺兰山东麓葡萄酒教育学院，基本建立了学历、职业、社会教育体系。

宁夏葡萄酒产业要实现高质量发展，必须增加文化内涵、延长产业链，持续推动融合发展。首先，要讲好产区历史文化、风土品种故事，打造好贺兰山东麓葡萄酒产区品牌。其次，酒庄（企业）要挖掘产品文化价值，提升葡萄酒品质，打造好酒庄及产品品牌，满足多样化需求。最后，要顺应市场需求，丰富葡萄酒产品品类。

2020 年 12 月于银川

葡萄酒市场需要品质与品牌双驱动

2011 年，宁夏贺兰晴雪酒庄的加贝兰葡萄酒在英国品醇客世界葡萄酒大奖赛上获得金奖，这是中国葡萄酒首次获得国际大奖，在国内引起极大反响，带动了贺兰山东麓产区酒庄建设高潮。目前，贺兰山东麓产区已建成酒庄 101 家，成为中国最大的集中连片酒庄酒产区，产区内有 60 多家酒庄的 1000 多款葡萄酒先后获得国际葡萄酒大奖，贺兰山东麓葡萄酒多次成为国宴用酒。

2016 年和 2020 年，习近平总书记两次来宁，都对宁夏葡萄酒产业发展给予充分肯定并提出殷切希望："假以时日，十年、二十年，中国葡萄酒'当惊世界殊'。"2019 年，香港前行政长官梁振英先生来宁夏考察葡萄酒产业，大力倡导"国人喝国酒"，成为中国葡萄酒振兴的口号。

近千项世界级大奖，让贺兰山东麓葡萄酒产区因天赐的风土、精湛的技术和优良的品质成为深受葡萄酒界关注的中国产区，增强了酒庄（企业）坚定做下去的自信和毅力。葡萄酒优良的品质是贺兰山东麓产区品牌走向市场的第一步，也是消费者认识贺兰山东麓产区的重要一步。2014 年以来，国内市场国产葡萄酒占有率从 70.3% 下降到 2019 年的 38.2%，国产葡萄酒销售与发展进入低谷，而进口葡萄酒数量和进口额逐年增加。国内消费者普遍认为，国产葡萄酒品质不高不稳，更倾向于购买进口葡萄酒。

　　国产葡萄酒品牌和性价比影响消费者的产品选择、价值判断和消费习惯。品牌是打开市场、进入消费者心智的金钥匙，也是消费者识别产品和服务、建立价值认同和质量认同的关键。葡萄酒品牌需要酒庄（企业）经过多年精心打造，用高性价比去获得消费者的认同。

　　酒庄（企业）要借获奖之势，找准产品市场之路。西班牙奥兰小红帽品牌葡萄酒，用了不到两年就打造出了一个十亿级的国际品牌，有时代浪潮赋予的机会，也有新潮的酿酒工艺和成功的营销策略的推动。奥兰小红帽采用低温发酵，极大地提升了葡萄新鲜度，定位消费人群是小白、年轻人，消费特征是注重颜值、感性消费，味道以果香和甜美为主。奥兰小红帽酒标设计灵感来源于格林童话"小红帽与大灰狼"，正面红衣少女背影与背面披着外衣的大灰狼

宁夏国家葡萄及葡萄酒产业开放发展综合试验区
Ningxia National Open Development Comprehensive Pilot Zone for Grape and Wine Industry

不羁灵魂的对应，灵动有趣，这种设计符合美学，传递了年轻人所认同的价值观和生活态度，吸引了大批年轻人为情怀买单。奥兰小红帽善于利用网红营造真实存在的生活场景，让网红来叙述品牌故事，这种营销方式引导了消费者的购酒行为，3年不到，奥兰小红帽就远销37个国家。

基于消费者画像，运用数字化、智能化手段对酿造技术、口感进行调整，实现供给侧改革和需求侧引领，是打造葡萄酒品牌的一种有效途径。目前，经济发展是全世界瞩目的焦点，中国的经济发展需要依托国内国际双循环进行，特别要注重内循环发展，这就要求积极构建应对国内大循环的内需市场，理清市场结构，细分目标市场和目标人群，加强品牌间的梯队建设，避免同质化竞争，通过多层次市场侵入，实现市场占有率的提高。

当前，贺兰山东麓葡萄酒产区品牌与酒庄葡萄酒品牌培育，将成为持续发展的瓶颈与短板，应强力推进品牌培育计划的实施。一是酒庄（企业）必须制订具有各自品质风格与文化特色的企业品牌培育计划，让品牌引领市场营销；二是酒庄（企业）必须顺应国内大市场的结构调整，优化产品结构及市场价格体系，以高性价比占领市场；三是注重走产品融合发展之路，通过产区风土与酒庄文化软实力提升，走葡萄酒文旅融合发展之路，开辟葡萄酒独具特色的体验式消费。

2020年12月于银川

提升产区酒庄品牌与综合效益

　　回顾世界葡萄酒发展史，英国人的海上贸易将葡萄酒文化推向全球，被世界各地人民推崇和接受。葡萄酒是一种虚拟价值大于实际价值的商品，葡萄酒品牌作为一种无形资产，虽然是抽象的，但是其价值可以量化，它所包含的标识性、排他性、表象性、扩张性和带动性等特征都能给葡萄酒带来高的附加值。

　　品牌是引领葡萄酒产业发展的航母和旗舰，是打造优质葡萄酒产区及企业的重要基础，优质的品牌意味着市场地位和丰厚利润。一般来说，优质的葡萄酒品牌与气候、土壤、品种、产品特色、历史文化、生产技术等息息相关。葡萄酒品牌通常要基于以下几个方面：一是品牌要基于风土化。葡萄种植受自然条件的限制，所以葡萄酒的产能是有限的，不同风土会赋予葡萄酒不同的风格。什么风土适合种什么品种的葡萄，就适合酿什么样的酒，产区好，酒才好，法国葡萄酒就是以波尔多产区、勃艮第产区、香槟产区等多种风土特色闻名全球。二是品牌要基于特色化。全世界知名葡萄酒产区无一例外都是基于特色而来的，没有特色就没有差别，葡萄酒产品势必就会走向工业化。国内一些葡萄酒产区在产业发展前期学习和模仿国外知名产区是有意义的，但是过度学习可能会迷失自己。三是品牌要基于龙头化。龙头是产区发展的标杆。如果一个产区或产业没有龙头产品，就不会有人将品质标准化，消费者就很难在鱼目混珠的产品中做出正确的选择。例如茅台镇是区域公共品牌，这个品牌地理标志产品保护示范区的企业都可以用，一旦标杆企业产品品质稳定，品牌度上去了，那么产区内的所有企业都会受到追捧。

在中高端葡萄酒品牌打造的过程中，品质是基础，宣传推广是最有效的抓手。作为与消费者沟通最有效的方式，宣传推广可以提高品牌知名度、拓展品牌美誉度、培养消费者忠诚度。但品牌宣传不是一蹴而就的事情，既要着眼于服务现实的营销需求，又要兼顾品牌要素的积累，这是一个长期的过程。一般来说，葡萄酒品牌短期内要迅速崛起，需要重点突出三个方面：一是高层次战略推动。从国际方面看，目前发达葡萄酒国家无一不是国家战略层面推动，国际上高级别的品酒会经常有国家级领导人站台。比如澳大利亚将葡萄酒作为对外交流的重要组成部分，不但在澳大利亚组建了国家葡萄酒管理机构，更是在中国等主要消费国建立分支机构，将葡萄

酒品牌推广阵地前移到消费市场，短短 10 多年时间，就在中国打造出了"奔富"这一著名的葡萄酒品牌，也让澳大利亚葡萄酒产区在中国声名鹊起。法国等欧洲国家更是将葡萄酒作为重大外交活动的载体。如在第二届中国国际进口博览会上，法国总统马克龙就将 1 瓶 1978 年产的罗曼尼·康帝黑比诺干红葡萄酒作为国礼赠送给习近平主席，由此彰显出这些国家对葡萄酒品牌的重视和推崇。二是文化艺术引导与创造。法国酒业认为"做葡萄酒就是做艺术"，但是近 30 年，美国人将葡萄酒与现代艺术的结合做到了极致，美国人自知在葡萄酒发展历史方面不如欧洲葡萄酒国家，但是作为影视强国，电影艺术是他们最擅长的手段，通过《云中漫步》《杯酒人生》两部电影，美国人将葡萄园的生态之美、人文浪漫与时尚生活在全球年轻人心中留下了深深的烙印，更是在极短的时间内快速推动了加州葡萄酒旅游的兴起。三是大事件营销。当产品品质和产能达到平衡与饱和时，通常会通过大事件营销让葡萄酒品牌迅速走红，从而达到精准营销的目的。艺术和葡萄酒毋庸置疑是法国的两大瑰宝，然而就是在法国人自己的地盘上，法国人自己做评委，并派出波尔多产区的木桐酒庄、玫瑰庄园、侯伯王酒庄、雄狮庄园（2 个二级庄和 2 个一级庄），勃艮第产区的约瑟夫杜鲁安酒庄和勒弗莱酒庄（一级庄），结果在白葡萄酒和红葡萄酒两个组的评比中全部输给了美国纳帕谷产区，这就是闻名世界的 1976 年巴黎盲品会事件。世界葡萄酒大师罗伯特·帕克曾说："巴黎盲品会摧毁了法国至高无上的葡萄酒神话，开创了世界葡萄酒民主化的纪元。这在葡萄酒历史上是个分水岭。"美国人很巧妙地策划了整个事件并刻意宣传，甚至拍成了电影《酒业风云》在全球放映，一下子将美国葡萄酒推向了全世界，给美国葡萄酒带来很大的附加值，这就是大事件在引爆葡萄酒品牌方面带来的巨大效力。

宁夏贺兰山东麓葡萄酒产区经历了引进试验示范、快速规模增长、质量全面提升等阶段后，葡萄酒品牌打造已成为现阶段贺兰山东麓产区高质量发展并走向国内外市场的关键。一是产区品牌与产品品牌要双轮驱动。坚持政府主打产区品牌，酒庄主打产品品牌，实现从品质好向品牌响转变。凝聚产区力量，发挥龙头品牌带动作用，尤其是发挥大单品品牌对产区品牌的引领作用。二是持续扩大文化创意宣传。借助传统媒体、新兴媒体加大酒庄品牌宣传推介力度，精心设计产区品牌推介词，宣传产区的历史文化、风土品种与葡萄酒风格，提升产区特色品牌形象和影响力、知名度。三是深度挖掘产区文化。立足宁夏自然风土和产区实际，整合贺兰山东麓史前文化、农耕文化、黄河文化等地域文化内涵，融合传统葡萄酒历史，挖掘具有中国葡萄酒产业特色的文化符号。四是提升国际葡萄酒竞技水平。重视酒庄（企业）对外交流，支持其参加国内外美酒展、大奖赛、博览会、展销会等行业宣传推介活动；冠名重大节会、重要体育赛事，拓展葡萄酒品牌美誉度。五是酒与文旅深度融合。将葡萄酒与文化旅游结合，打造集观光休闲、美食住宿、体验教育等于一体的葡萄酒旅游精品线路。六是强化合作交流。加强同世界主要葡萄酒国家及知名产区、国内葡萄酒产区以及知名品牌的交流合作，让产区的酒庄（企业）主动走出去，对标国际，融入国内国际双循环，获得最大的经济效益。

2020 年 12 月于银川

加强葡萄酒产业智能化管理

宁夏葡萄酒产业经过近 40 年的快速发展，产区内葡萄与葡萄酒的生产目前处在从数量扩张向质量效益转变的关键时期，传统的葡萄与葡萄酒生产管理方式已不能满足宁夏葡萄酒产业发展的需要，要利用现代信息技术改造传统产业，实现葡萄酒生产智能化、经营网络化、管理高效化、服务便捷化，给宁夏葡萄与葡萄酒产业插上智慧的翅膀，实现数字化管理、智能化重塑，促进产业跨越式发展。

建设葡萄酒产区基础资源数据库

利用葡萄酒产业"十四五"发展规划、农村土地承包经营权确权登记等数据，建设贺兰山东麓葡萄酒产区基本信息数据库，对葡萄原料基地面积、品种、树龄、保存率、空间布局及酒庄（企业）等进行登记，建立产区葡萄酒产业大数据库，监测产区发展动态以及对市场供应的影响；细化产区技术标准，建立生产技术标准体系数据库，为产区提供实用有效的技术指导；建立产区葡萄酒全产业链大数据库，梳理产区橡木桶、酒瓶、酒塞、酒标、包装箱以及市场来源、价格、优缺点等市场信息，为产区酒庄（企业）提供优质服务。

❧ 建设智慧葡萄园管理系统

葡萄酒的品质在很大程度上取决于葡萄原料的品质，生产出优质高产的葡萄是保证葡萄酒品质的关键。目前，现代信息技术在葡萄园生产中应用较多，宁夏产区应加快推广葡萄园气象监测、无人机辅助病虫害诊断、水肥电子调控、葡萄产量预估等电子信息技术，从出土埋土预测、生产调控到产量预测，实现智慧化管理。一是现代信息技术在葡萄栽培管理上的应用。澳大利亚葡萄酒公司与 Digital Globe 和 Consilium Technology 合作开发了一款农业地理空间人工智能软件——GAIA，它既可以评估水肥状态，也可以预测病虫害，甚至可以预判果实品质，高分辨率的卫星图像可精确定位和监测澳大利亚各个葡萄园的生长状况。二是现代信息技术在葡萄收获管理中的应用。日本软银集团旗下 PS Solutions 公司开发的小型农业传感器 e-kakashi，不仅可以记录空气和地面温度、日照和累计温度等数据，还能够分析这些数据，及时提醒生产者合适的葡萄收获时间。e-kakashi 最大的优势是拥有先进的人工智能技术，可将专业的数据分析与生产者的经验相结合，并通过分散在葡萄园内的多部传感器来降低误差，既可收集分析当地风土环境的大数据，也有助于形成不同产地葡萄酒的品牌特性。三是现代信息技术在产量预测中的应用。产量信息对任何作物来说都是非常重要的，但由于要考虑的因素太多，如气候、病虫害、水肥管理等，准确预测作物的产量并非易事。预估产量，对生产者规划生产和优化配置资源尤为重要。通过人工智能测量的叶片色彩分布、每株葡萄的穗数、每穗浆果的数量和浆果的重量等生长指标，能够快速预测葡萄园大致的产量。此外，从特定的葡萄园获取历史数据，如土壤数据、管理数据、气象信息和每年的实际产量，将其输入机器学习模型中，能够从生长的早期阶段预测下一阶段的产量。

建设葡萄酒庄智能酿造系统

传统的葡萄酒酿造与评价主要靠酿酒师、品酒师的经验来完成，人为的差异会导致葡萄酒产品质量的差异及评价的差异。现代信息技术可以在酿造工艺流程设计、计算机勾兑方案制订、酿造智能控制等方面发挥很好的作用。一是现代信息技术在葡萄酒酿造中的应用。在葡萄酒酿造过程中，发酵延缓严重影响葡萄酒的品质。发酵控制的改进可降低品质风险，但停止发酵的经济成本仍然很高。酵母不足、缺氮、硫胺素耗竭、缺氧和杀虫剂残留等均会导致发酵停滞。因此，很难准确预测发酵延缓的原因。而处理这种多参数的难题正是人工智能的优势。美国加州的两位红酒爱好者 James 和 Boyer 于 2014 年开发出可通过手机控制的机器 Miracle Machine，它利用水、酵母和葡萄浓缩汁来发酵酿酒，并通过 App 加以控制，能酿造出具有典型果香和风味

的葡萄酒。人们只需把原材料加入机器，然后通过 App 选择自己需要的葡萄酒风格，程序可自动控制发酵，并在发酵完成之后发出指令。试验表明，用这样的机器酿造出来的葡萄酒与使用传统发酵方式酿造出来的葡萄酒风味基本一致，但是售价才 2 美元 / 瓶，非常具有竞争力。二是现代信息技术在品酒中的应用。同一杯酒，一千个品酒师便有一千种评价。味蕾对某些化学物质呈现特殊的感觉就是人的味觉。人工智能没有味觉，但人工智能品酒师在嗅觉与味觉传感器的辅助下，可区别来自不同生产商、生产年份和葡萄品种的葡萄酒，同时能鉴别不同品牌、不同等级的葡萄酒，因为它可以精准测量出葡萄酒中各种对味蕾产生刺激的物质含量。每个人的味蕾对某些物质敏感度的差异可能导致品酒师对同一款葡萄酒的主观评价不同，但人工智能品酒师不存在任何的主观误差，能够直接获取真实可靠的统计数据，消费者可以根据人工智能品酒师给出的葡萄酒成分和比重选出最适合自己口味的酒款。三是现代信息技术在侍酒中的应用。人工智能借助强大的数据库，结合消费者的消费偏好，可为不同消费者推荐适合自己的葡萄酒。目前市场上已有很多人工智能侍酒师，例如，iWine App、Wine App、也买酒、红酒世界等。随着人工智能的不断发展，它们的功能将更加强大，从而提供更加个性化的服务。

❧ 建设葡萄酒质量安全监测追溯数据库

贺兰山东麓葡萄酒产业高质量发展，需要搭建产区葡萄酒销售平台和监管平台。要通过与阿里云、京东等大型电商企业合作，依托人工智能、大数据、云计算、物联网、遥感等信息手段，以质量监管追溯与流通体系平台建设为重点，建立产区质量监管数字化、智能化数据中心和数字化交易平台，进行葡萄及葡萄酒生产控制（品种、产量）、产地检验、贮藏运输、包装标识、市场准入、市场销售、销售价格、农药化肥、橡木桶、辅料添加等数据采集、监管和分析，建设覆盖全产区的葡萄酒质量安全监管评价体系，构建起葡萄酒质量安全大数据分析模型，对葡萄酒质量进行全程安全监测、质量追溯和风险预警，保障产业良性发展。葡萄酒质量安全监测追溯数据库的建设，可为消费者提供可视、可体验、可触及、信得过的葡萄酒产品，可为企业提供市场消费群体结构，同时有助于提升政府宏观监测、预警、服务和决策能力，可打通数据链，重构供应链，提升价值链，促进葡萄酒产业高质量发展。所以，产业链数字化是未来葡萄酒企业品牌化、市场化发展的趋势，也是葡萄酒企业健康发展的基石，只有智能化、规范化管理，才能为消费者提供优质产品，才能获得消费者对企业的长久信任。可以预见，现代信息技术一定会渗透到葡萄和葡萄酒产业发展的各个环节。

当前，宁夏葡萄和葡萄酒产业的现代信息技术研究和应用还处于起步阶段，部分领域还处于空白，应以酒庄（企业）为主体，在产区布局、苗木繁育、葡萄园建设管理、葡萄酒生产酿造、产品质量追溯、消费市场画像等方面做好集成示范与应用推广工作。

2020 年 12 月于银川

对打造贺兰山东麓葡萄酒产业长廊的思考

经过 30 多年的努力，贺兰山东麓具备了打造世界知名葡萄酒产区的条件，也得到了国内外同行及专家的认可。要用"一优三高"理念整合资源，配置好土地与水资源，引进世界最先进的发展理念，科学地做好规划，应用世界葡萄新品种、栽培新技术与先进设备，建立覆盖各葡萄产区的特色良种苗木繁育中心，以葡萄酒产业链为纽带，培育世界知名产区与个性化葡萄酒品牌，全力打造贺兰山东麓葡萄酒产业集群，使贺兰山东麓百万亩葡萄与葡萄酒产业长廊成为风情浓郁、特色鲜明的文化旅游观光带，从"卖产品"变为"卖品牌"。如何抓住发展机遇，做好百万亩葡萄与葡萄酒产业长廊规划与建设，这是需要认真思考的问题。

❦ 打造贺兰山东麓产区品牌是发展的灵魂

从法国、西班牙、意大利等旧世界葡萄酒国家，以及美国、澳大利亚、南非等新世界葡萄酒国家的发展历程看，每个知名特色产区都是依托独特的地域、多样的气候以及土壤特点打造培育的。由于区域气候与土壤条件的差异性，各产区只有选择适宜的葡萄品种进行种植，才能孕育出让市场长期接受的个性突出的葡萄酒企业与品牌。高品质葡萄酒和世界著名葡萄酒品牌主要产自几个特殊的地理区域，这是因为葡萄酒高档品牌的打造需要优良品种、气候、土壤等条件作为支撑。从法国波尔多到美国纳帕谷，从西班牙里奥哈到澳大利亚玛格丽特河，从意大利托斯卡纳到南非康斯坦提亚……特有的气候、土壤，加上适宜的葡萄品种，成就了世界知名葡萄酒产区。宁夏贺兰山东麓产区年降水量不到200毫米、年均温不到9℃、土壤通透性好等，具备了打造世界优势产区的条件，是世界上少有的冷凉酿酒葡萄最佳生态区之一。应把贺兰山东麓产区条件浓缩为"阳光荒漠、黄河贺兰、葡萄美酒"的地理品牌，这是大自然的馈赠，是独一无二的，是不可复制的，贺兰山东麓不是中国的波尔多，而是中国的贺兰山东麓、世界的贺兰山东麓。打造贺兰山东麓产区品牌，应从历史、文化、地理特色与葡萄酒的契合上下功夫，着力在产区葡萄品种、区域化布局上下功夫；着力在区域性的大气候、特定葡萄园所处的中气候以及某株葡萄树所处的微气候之间的交互关系上下功夫；建立系统的贺兰山东麓产区品种、土壤及栽培技术标准，突出地理特色，统筹运作，把贺兰山东麓打造成世界知名的"休闲养生地，醉美贺兰山"商业品牌，采取统一规划、统一宣传、统一参展等方式，推动葡萄酒旅游文化产业与葡萄酒企业品牌及产区品牌有效互动。打造贺兰山东麓国际葡萄酒博览会、银川国际葡萄酒城及国际葡萄酒论坛，建立集旅游休闲与文化交流、经贸合作为一体的多功能平台，培育贺兰山东麓产区国际知名品牌及葡萄酒产业的整体形象。

❧ 制定贺兰山东麓葡萄酒产业管理标准是发展的核心

世界上葡萄酒生产大国均有自己的葡萄酒分级标准及等级制度。法国为了抑制假酒和人工酒泛滥，于1935年在世界上率先实行了原产地命名控制（AOC）制度，从酒精含量、葡萄品种、栽培方式、最高产量、地理条件、灌溉方式、酿酒工艺、储藏方式、瓶装时机到销售的整个环节制定了严密、完整的管理办法及标准要求。随后，意大利、奥地利、美国、加拿大等葡萄酒国家根据本国国情，纷纷借鉴AOC制度，分别形成了DOC、DAC、AVA、VQA等葡萄酒质量标准等级制度。如美国佐餐酒，干白、桃红葡萄酒要求原料含糖量20％～23％，干红葡萄酒要求原料含糖量21％～23％。中国葡萄酒业发展迅速，为了适应葡萄酒产业发展的需要，也几次修订国家葡萄酒生产质量标准。但由于我国主要葡萄酒产区及企业在东部，东部酿酒葡萄采收时含糖量一般只有15％～18％，远远低于酿造优质葡萄酒所需的葡萄原料含糖量。我国现行的葡萄酒生产标准，只有合格与不合格之分，在合格的产品里面没有统一的质量分级标准，于是各个葡萄酒企业自定质量分级标准，有以葡萄苗龄作为葡萄酒质量划分标准的，有以产区等级代表葡萄酒质量等级的，有以窖藏方式评价葡萄酒质量好坏的……葡萄酒质量分级标准缺乏第三者认证的权威性。贺兰山东麓产区要立于世界知名葡萄酒产区之列，应针对区域气候、土壤、海拔等自然条件，选择适宜的种植品种，进行品种的区域化布局，制定出适合贺兰山东麓不同产区的葡萄基地与葡萄酒质量分级标准及自治区葡萄酒产业管理制度。要建立优质葡萄原料生产、优质葡萄酒酿造、葡萄酒质量鉴评等技术标准，以及产区、基地与葡萄酒质量等级管理制度，这样不但能够规范葡萄酒生产企业的行为，从葡萄原料到酿造工艺提高葡萄酒质量，而且可为消费者选择不同等级葡萄酒提供比较权威的依据，可为贺兰山东麓葡萄酒走向高端市场、实现高效益扫清障碍。

❤ 建立规模化标准化生产基地是发展的基础

好酒是用优质葡萄酿造出来的，行业内有"七分在原料，三分在工艺"的说法，说明葡萄基地生产的原料对葡萄酒质量的重要性。第一，引进适合产区种植的品种，建立良种（砧木）采穗圃及苗木繁育基地，并努力做到苗木无毒化、品种优系化、品质最优化。贺兰山东麓产区应以红葡萄酒生产为主，主导品种为赤霞珠、梅鹿辄、西拉、蛇龙珠等，品种结构以红色品种为主，应占 60% 以上；红寺堡产区应以白葡萄酒生产为主，主导品种为霞多丽、雷司令、贵人香、灰比诺等，品种结构以白色品种为主，应占 60% 以上。第二，贺兰山东麓葡萄酒地理标志产品保护示范区南北长 200 余公里，面积 200 多万亩，涉及 7 个市县、30 多个乡镇与农场，土壤、海拔、气候等有很大的差异性。按照产区的土壤、气候等特性，选择适宜的发展品种，土壤的肥沃度是决定葡萄园原料品质的关键因素，要做到产区内品种的适宜化发展、规模化布局，充分发挥出各主导品种的优良特性，为基地生产最优、最有个性的原料奠定基础。第三，栽培管理技术是确保基地发挥葡萄酒产业链第一车间作用的关键。当选择了一片土地栽种葡萄树时，就必须科学规划，从地形、土壤、道路、渠道、林网、栽种行向等做起，针对基本情况，明确栽种的理想株行距、架形、立柱的高度以及培肥土壤的措施。为了基地规模化建设，考虑节省劳动力，让耕作、埋土等机械化作业更容易实现，改过去的 3 米行距为 3.5 米行距，株距建议在 0.5 米，亩栽 380 株，可以使葡萄植株、立柱、铁丝都能得到最经济的运用。要建立出土、施肥、修剪、中耕、病虫害防治、果穗管理、采摘、埋土等栽培技术的集成配套体系，并实现标准化管理。精确控制灌溉水量与时机，是基地提高葡萄产量与提升葡萄酒品质的有效方法之一，要改变传统有水就灌的做法，采用科学的灌溉方式，按葡萄生长期的需要来适时适量灌溉。第四，引进先进生产理念，采用有机栽培法或自然动力法种植葡萄，在各产区建立有机或生态葡萄示范基地，探索关键栽培技术的集成配套，实现并推广标准化生产，打造规模化有机葡萄基地，提高贺兰山东麓产区产品品质、附加值及市场竞争力，培育国内外知名的产区及葡萄酒产品。

❧ 培育贺兰山东麓葡萄酒产业集群是发展的动力

葡萄酒产业链比较长与粗，有一产的基地，二产的加工制造，三产的文化、流通、旅游等，延长加粗产业链是培育葡萄酒产业集群的关键。贺兰山东麓产区要以优质基地为基础，以历史文化为灵魂，以旅游度假为手段，以中高档葡萄酒为核心，多产业联动。国外知名葡萄酒产区发展的经验都是从葡萄酒产业链每个环节入手做实做深，培育产业链每个环节的龙头企业。在打造优质葡萄基地、酒庄、企业的同时，加强葡萄酒设备、制造、物流、包装等产业，形成以酒厂、酒庄群带动苗木栽培、科研、设备、辅料、营销、会展以及基础设施建设的产业经济联盟,有效提升产业的整体竞争能力,加强企业间的有效合作,提升企业的创新能力,发挥资源共享效应。

贺兰山东麓拥有丰富的游牧文化、黄河文化等历史文化遗迹及传承,葡萄酒文化具有世界影响力,发展葡萄酒文化旅游产业具有无限的潜力与空间。世界著名葡萄酒庄都坐落在知名的葡萄产区,自然环境独特,其产品大都体现了当地的小气候及地域特点,因风格独特受到消费者欢迎。宁夏应重点培育银川百座酒庄群、玉泉营葡萄酒小镇、甘城子与红寺堡葡萄酒产业园,使葡萄酒产业与文化、娱乐、旅游、餐饮等行业有机结合,有效提高葡萄酒产业的整体效益。贺兰山东麓葡萄酒地理标志产品保护示范区涵盖了宁夏最具开发优势的旅游资源,在空间分布上具有点、线、面结合的特点,有利于构建自然景观、人文景观和葡萄酒庄结合的地域产业开发体系。可重点将特色葡萄酒庄与沙坡头、沙湖、西夏王陵、贺兰山、黄河等旅游精品相结合,做强特色酒庄和葡萄酒产业旅游。围绕葡萄酒产业链形成多产业联动,成为贺兰山东麓葡萄酒产区发展的不竭动力。

❧ 建立葡萄酒产业创新人才体系是发展的关键

贺兰山东麓要立于世界知名葡萄酒产区之林,培养一支具有世界一流水平的葡萄酒产业创新人才队伍是关键。要依托国内外葡萄酒科研、教学院所与企业的人力资源优势及平台,按照葡萄及葡萄酒产业链关键环节及学科特点,从酿酒、品酒、营销、管理等产业链的重点环节入手,吸收先进的发展理念、引进先进的技术与设备,采用请进来、走出去的人才培养方式，培养与组建五支葡萄酒产业创新人才队伍。一是立足气候、土壤、品种等实际，推进贺兰山东麓葡萄基地品种区域化布局与标准化栽培技术体系建设，建立覆盖自治区、市县、乡镇及企业的葡萄标准化栽培技术人才队伍。二是立足原料质量、环境条件、市场需求等情况，推进葡萄酒企业加工工艺技术体系建设，建立一支具有国际先进理念和工艺的酿酒师及品酒师队伍。三是立足国内外葡萄及葡萄酒技术标准及管理要求，推进贺兰山东麓产区葡萄酒质量检测体系建设，建立一支国家级葡萄酒质量检测队伍。四是立足葡萄酒产业发展关键技术，推进贺兰山东麓产区葡萄酒产业发展关键技术瓶颈的科研攻关，建立一支面向生产与市场的科研创新队伍，解决产业发展中面临的技术瓶颈问题。五是立足葡萄及葡萄酒产业持续发展，推进贺兰山东麓葡萄酒学院建设，建立一支具有创新与实践能力的师资队伍，为产区培养世界一流的葡萄及葡萄酒人才。

只有建立起面向世界的葡萄及葡萄酒产业的创新人才体系，才能具备打造世界知名葡萄酒产区与生产一流葡萄酒的理念、技术与工艺、先进设备与营销市场。建立葡萄酒产业技术体系，是支撑贺兰山东麓产区立于世界葡萄酒产区之林的关键，打造世界知名葡萄酒产区，人才培养是先导，要尽快启动实施贺兰山东麓葡萄酒产区葡萄与葡萄酒创新人才工程。

❦ 酿造特色高端葡萄酒是发展的最终目标

高端特色葡萄酒是在酒窖中酿出来的。酿酒师要确定何时从基地采摘葡萄、采摘哪些葡萄，并对葡萄中的糖分、酸度以及葡萄的健康状况进行监控；在葡萄发酵过程中，针对不同葡萄品种特性与环境条件选择好酵母菌，做好酵母发酵、乳酸发酵及酒质稳定等关键环节的控制；应用好橡木桶，严格控制好葡萄酒陈酿时间，通常葡萄酒愈昂贵，愈需要久储成熟。打造贺兰山东麓世界知名葡萄酒产区应从以下几方面着手：一是着力推进贺兰山东麓产区内酒庄差异化发展，避免产品雷同，酿造出有特色、有风格的葡萄酒产品，培育特色品牌。二是着力引进国内外知名葡萄酒企业，应用世界一流的技术与设备，酿造世界一流的葡萄酒，培育世界一流的品牌。三是着力推进酒庄酒及酒庄文化的发展，打造葡萄酒庄群、葡萄酒小镇、葡萄酒产业园、葡萄酒度假村，举办一镇一节、一村一庆、一庄一品等节庆活动，培育葡萄酒个性化品牌。四是着力推进葡萄酒产业与旅游、展会、文化、生态等产业的有机结合，以打造贺兰山东麓世界知名葡萄酒产区为切入点，以多专业、多产业融通联动为核心，培育具有贺兰山东麓地域特点的知名葡萄酒品牌。

　　总之，贺兰山东麓葡萄酒从"卖产品"转变为"卖品牌"需要长期的不懈努力。应从葡萄酒产业链各个环节入手，在技术上进行创新，在生产工艺上实现标准化，确保原料与葡萄酒质量的稳定，制定严格的产区管理制度，以培育世界知名产区品牌为突破口，支撑世界知名葡萄酒品牌培育。只要我们共同努力，科学发展，打造中国的贺兰山东麓葡萄酒产区、世界的贺兰山东麓葡萄酒产区及培育世界一流的个性化葡萄酒品牌就不会太远。

2011 年 1 月于银川

刊于《西部人才》2011 年第 1 期

宁夏葡萄酒产业发展的机遇与挑战

　　宁夏葡萄酒产业起步于 20 世纪 80 年代中期，快速发展于 2004 年。经过 10 多年的探索发展，宁夏葡萄酒产业在国内外业界已展现出很大的影响力。2012 年，自治区党委、政府提出了建设贺兰山东麓百万亩葡萄文化长廊的总体规划，明确了酒庄酒的发展模式，提出到 2020 年建设 100 公里葡萄文化长廊，建成 70 万亩优质葡萄基地、300 家以上酒庄，实现 2 亿瓶以上生产目标，吸纳 10 万人就业。

　　截至 2015 年，全区已建成葡萄基地 61 万亩，其中酿酒葡萄基地 53 万亩，已投产酒庄 85 家，在建酒庄 99 家。2015 年生产成品葡萄酒约 1 亿瓶，产值达到 166 亿元。2006 年以来，酩悦轩尼诗、保乐力加、张裕、中粮长城等一批国内外知名葡萄酒企业进入宁夏产区建设基地和酒庄，引进了先进的发展理念、技术与装备，全面提升了宁夏产区的影响力。宁夏产区实行优质葡萄园分级评选，实行列级酒庄管理制度，已有 10 家酒庄被评为列级酒庄。产区举办了 4 届贺兰山东麓国际葡萄酒博览会金奖酒评选，先后有 15 家酒庄的 21 款葡萄酒荣获金奖。2010 年以来，有近 40 家酒庄的葡萄酒在国内外葡萄酒大赛中获得 200 多个奖项。行业从业人员达 7.5 万人以上，游客 30 万人次，建立了宁夏产区研究生、本科、专科等人才培养体系，葡萄酒产业已成为宁夏对外开放交流的一张亮丽名片。

宁夏葡萄酒产业经过 10 多年的快速发展，已在国内外葡萄酒业界有一定的知名度，为今后的发展带来了机遇。但是，对标世界主要葡萄酒国家的发展水平，宁夏产区发展历史短、影响力不大、机械化与标准化程度低、生产成本高，在国际葡萄酒竞争中仍然面临着巨大的挑战。

❦ 具备的发展机遇

经过 10 多年的努力，宁夏产区品牌、酒庄品牌、高品质葡萄酒品牌影响力及市场竞争力不断提升，宁夏产区已具备了一定的基础与发展机遇。

我国葡萄酒人均消费潜力巨大

据国际葡萄与葡萄酒组织（OIV）统计，2009—2013 年，中国葡萄酒消费量飙升 69.3%，2013 年中国已成为世界第五大葡萄酒消费国。2014 年，国产葡萄酒只有 11.6 亿升，其中宁夏产葡萄酒约 0.7 亿升（不到 1 亿瓶），全国葡萄酒消费总量达 16.8 亿升，人均年消费量仅 1.24 升，而世界人均年消费量为 4.5 升。

国内市场需求及消费群体不断扩大

多家媒体预测，随着我国中产阶级的迅速扩大以及消费者对健康时尚的追求，到 2020 年，我国葡萄酒消费市场年增长 10% 以上，届时宁夏产区葡萄酒产量还不足 2 亿瓶。

我国葡萄酒消费者逐渐成熟，更加追求产品的多样性、个性化，而本国的生产企业更加贴近、熟悉本国消费者的饮食习惯和地域习俗，能够更好地立足国内市场，调整优化产品结构，多元化推进全产业链发展。

良好的发展基础与条件

宁夏产区风土条件多样，葡萄酒品质优良，已经有了一定的影响力与发展基础，能够生产出更加符合本国消费者需求的葡萄酒。

宁夏已经有了全国最大的优质葡萄基地、一批酒质高并稳定的酒庄及人才创新发展条件，加之自治区党委、政府的大力支持，贺兰山东麓原先难以开发利用的土地得到很好的开发，国内外葡萄酒界都聚焦宁夏产区，为宁夏葡萄酒国际化、规模化、园区化发展提供了空间。

❧ 发展面临的挑战

我国葡萄酒产业起步晚，最早的张裕葡萄酒也只有 100 多年发展史，而宁夏葡萄酒产业只有 30 多年发展史，葡萄酒产区品牌、文化积淀、技术储备、营销策略等都不及世界新旧葡萄酒国家。目前，中国市场成为世界的聚焦地，宁夏产区在崛起过程中必然面临各种竞争与挑战。

国际竞争压力进一步加大

据海关统计，2015 年葡萄酒进口总量约为 5.54 亿升，同比增长 45 %；进口总额约为 20.32 亿美元，同比增长 34 %；平均价格为 3.67 美元 / 升，同比下降 7.3 %。加之智利、新西兰、澳大利亚等国家已经或即将实现零关税，国际竞争压力将进一步加大。2015年智利进口量达 1.54 亿升，与 2014 年相比增长了 69.5 %。

同国际葡萄酒的价格竞争进一步加剧

2015 年，我国进口散装葡萄酒总量约为 1.46 亿升，同比增长78 %；进口总额约为 9862 万美元，同比增长 42 %；平均价格为0.68 美元 / 升，同比下降 20 %；进口瓶装葡萄酒总量约为 3.95 亿升，同比增长 37 %；进口总额约为 18.73 亿美元，同比增长 37 %；平均价格为 4.74 美元 / 升，同比下降 1 %；而国内散装葡萄酒仅生产成本（10 元 / 升以上）已高于国际葡萄酒的进口价格，加之我国逐渐

对更多的葡萄酒生产国实行零关税，国际葡萄酒进入我国市场的价格将越来越低，进一步加大了对我国葡萄酒市场的冲击。

葡萄酒主产国加大促销力度

法国、澳大利亚、美国、智利等葡萄酒国家在北京、上海、广州等一线城市建立了由政府主导的市场推广中心，并不断在中国二三线城市举办葡萄酒品鉴会、葡萄酒文化知识普及推广会等活动，加快中国市场营销网络建设与葡萄酒推广。

生产成本成为竞争的焦点

宁夏葡萄埋土出土及灌水会增加 500~600 元/亩的成本，加上机械化程度与亩产量较低（宁夏产区 4 年生以上葡萄园平均亩产量不到 300 公斤，而法国、美国平均亩产量在 600 公斤以上，澳大利亚平均亩产量在 700 公斤以上），以及国内税收较高，一般散装葡萄酒成本在 10 元/升以上、瓶装葡萄酒（每瓶 750 毫升）成本在 15 元/瓶以上，高于进口的散装葡萄酒和瓶装葡萄酒的成本。

品牌与文化成为竞争热点

各国都以知名产区、品牌酒庄及饮食文化作为推介切入点，充分利用多种方式与媒介，加大抢占消费者的力度，对我国新产区、新酒庄、新品牌的葡萄酒及宁夏产区崛起形成了挤压。

❤ 发展应采取的对策

面对国际葡萄酒新态势及国内葡萄酒发展的新机遇、新挑战、新常态，宁夏产区应按照精准管理葡萄园、精益求精酿好酒、诚信奋力做市场的思路，从以下几方面做好应对。

降低生产成本，增强市场竞争力

推进生产基地作业机械化，引进与推广埋土出土、修剪、施肥、除草松土、病虫害防治等环节的专用机械，减少人工作业环节；推进酿酒工艺的革新，确保质量稳定与提升，减少辅料的投入；推进葡萄酒生产全程社会化服务，减少中小酒庄固定资产、专用设备及人才资源的投入，开展全产业链专业服务，全面实现提质节本增效。

走出去推介、请进来体验，增强产区品牌影响力

支持在北京、上海、广州、厦门、成都等一二线城市建立产区推广中心，策划一批产区宣传推介活动向周边城市辐射，搭建酒庄与消费者信息交流的桥梁；鼓励酒庄到二三线城市搞推介活动或建立直销窗口，邀请一批葡萄酒消费者到宁夏产区旅游体验；建立宁夏产区网站与酒庄网站，打造线上线下宣传推介与信息交流平台；支持酒庄建立产品市场网络与质量可追溯体系，突出产区风土条件，融入产区文化元素，对目标城市集中进行专业化、科学化推广。

管理好葡萄园，培育优质稳定的原料基地

选择适合产区风土条件的优新品种，推进多样化、特色化、机械化、标准化葡萄园管理；集成配套科学、绿色、有机生产栽培技术，

提高葡萄生产质量，使葡萄亩产量稳定在 600 公斤左右，并培养提升一批创新型高水平种植师；推进酒庄基地一体化经营及标准优质葡萄园创建，特别要推进农户与企业的联结与流转，解决农民卖果难的问题。

酿造高品质葡萄酒，增强质量竞争的优势

严格执行列级酒庄管理制度，按市场需求、品种结构、葡萄酒品质要求创新酿造工艺，严格按照工艺流程酿造高品质葡萄酒；培养产区创新型庄主与酿酒师团队，确定合理的产品结构及性价比，提高高品质葡萄酒比例，推进酒庄与基地、文化、旅游、休闲等的多功能融合，培育一批在国内外市场有影响力的品优质稳的品牌酒庄。

争取国家及自治区相关政策支持，做好招商引资及持续发展工作

大力提升宁夏产区在国内外葡萄酒界的影响力和吸引力，增强支撑力与聚合力，重点在酒庄建设、新品种引进、人才引进培养等方面争取国家相关部门的支持；在旅游文化、招商引资、科技创新、机械装备、水电路林等方面争取自治区相关部门的支持，开发更多衍生品，延长加粗产业链，推进葡萄酒产业持续健康发展。

2016 年 3 月于银川

刊于《中外葡萄与葡萄酒》2016 年第 3 期

中国最大的酒庄酒产区

　　宁夏是中国最早提出酒庄酒概念的产区，也是最早提出基地酒庄一体化经营、酒庄酒发展模式的产区。酒庄拥有自建基地，原料全部来自产区内或自建自管的葡萄基地，葡萄酒发酵生产全过程在酒庄内完成，有自己的种植师、酿酒师及酒庄品牌，才称得上酒庄酒。

　　宁夏产区位于贺兰山东麓，贺兰山是天然屏障，当地年降水量不到 200 毫米，年日照时数 3000 小时左右，无霜期 170 天左右，夏季干热、春秋冷凉、冬季干冷，属大陆性气候。土壤有灰钙土、砾石土、风沙土等主要类型，基本特性是土壤通透性强、持水量低、有机质含量低、非常贫瘠，可促进葡萄根系生长，使之能广泛吸收土壤中的有机元素。这些条件使贺兰山东麓产区生产的葡萄酒香气浓郁、口感圆润平衡，与其他产区差异性明显。

　　2016 年，宁夏产区有近 50 万亩酿酒葡萄基地，占全国酿酒葡萄基地面积的 1/4 以上，主要分布在银川市、青铜峡市、红寺堡区等地，注册葡萄酒企业超过 200 家，已建成酒庄近 100 家，生产酒庄酒 1.2 亿瓶。

　　宁夏主要酿酒葡萄栽培品种有 20 多个，一般葡萄栽植的株行距为（0.5~1）米×（3~3.5）米，亩栽葡萄苗木 180~440 株。栽种的白葡萄品种有霞多丽、雷司令、贵人香、威代尔、长相思、小芒森等；栽种的红葡萄品种有赤霞珠、蛇龙珠、美乐、品丽珠、西拉、马瑟兰、紫大夫、小味儿多、北玫、北红等。宁夏产区的酒庄都有自己经营管理的葡萄园，一般都种植 3 个以上品种；不同品种种在不同的土壤里，采用不同的管理措施，生产的葡萄品质各异，体现出不同风土条件下酒庄酒的多元化风格。

宁夏产区在 2003 年通过了贺兰山东麓葡萄酒国家地理标志产品保护示范区的审查，主要包括石嘴山市、银川市、吴忠市（青铜峡市）等地 15 万公顷土地，并制定了《地理标志产品 贺兰山东麓葡萄酒》（GB/T 19504—2008）。2011 年又将吴忠市红寺堡区纳入地理标志产品保护示范区内，贺兰山东麓葡萄酒产区现包括 30 个乡镇，20 万公顷的土地。2012 年宁夏回族自治区人大常委会立足贺兰山东麓葡萄酒国家地理标志产品保护，制定并通过了《宁夏回族自治区贺兰山东麓葡萄酒产区保护条例》，规定进入宁夏产区的酒庄必须先建有酿酒葡萄基地，再建设酒庄。中国地方政府首次以立法的形式对优势特色葡萄酒产业进行保护，规范葡萄酒产业发展运行程序，同时规范酒庄酒的生产方式，促进了宁夏产区的持续发展。

　　宁夏是中国唯一实行列级酒庄管理的产区，宁夏人民政府在2013年制定了《宁夏贺兰山东麓葡萄酒产区列级酒庄评定管理暂行办法》，2015年经过调研与总结首次评选的经验，修订了该办法，修订后的《宁夏贺兰山东麓葡萄酒产区列级酒庄评定管理办法》由宁夏人民政府正式颁布，并于2016年3月1日起施行。列级酒庄实行五级制，分别为一级酒庄、二级酒庄、三级酒庄、四级酒庄、五级酒庄，一级为最高级别。为了便于市场与消费者识别列级酒庄的等级，建议将来将一级酒庄命名为钻石酒庄、二级酒庄命名为六星酒庄、三级酒庄命名为五星酒庄、四级酒庄命名为四星酒庄、五级酒庄命名为三星酒庄。列级酒庄每两年评定一次，实行逐级评定晋升的管理制度。

　　酒庄酒是个性化、差异化突出的小众葡萄酒，能满足新时代消费者的新需求，是酒庄基地一体化经营模式下生产的葡萄酒，品质是可以控制的；葡萄酒风味要适应中国不同区域、不同民族、不同饮食习惯消费者的喜好，风味是可以固化的，代表着目前国内外葡萄酒消费的方向与趋势。酒庄酒与优质葡萄园是宁夏产区最大的市场竞争力，宁夏产区要长期坚持酒庄酒及酒庄基地一体化经营的发展模式。产区要进行区域化布局，建立主导品种发展机制，酒庄（企业）要选好适宜的酿酒葡萄品种，建好高标准葡萄园，规范酒庄酒分级标准，提升酒庄酒品质与宁夏产区品牌的影响力；培育一批在国内外有影响力的精品酒庄品牌，建立全产区酒庄与产品可追溯机制，推进宁夏葡萄酒产区高质量可持续发展。

2017年4月于银川

国内葡萄酒市场座谈会

2017 年 2 月 21 日，中国酒业协会和国务院发展研究中心市场经济研究所召开的中国葡萄酒产业（葡萄酒流通行业）健康发展政策研究座谈会在北京举行，宁夏、河北、山东等葡萄酒产区及经销商代表参加了座谈会。与会代表对国内葡萄酒市场发展做出了以下几个方面的判断。

一是国内葡萄酒市场潜力巨大。中国葡萄酒市场前 10 年以年均 15％的速度增长，预测未来 5 年以年均 10％以上的速度增长，葡萄酒市场规模可以达到 1000 亿元以上。二是国外葡萄酒引导消费。世界葡萄酒国家都看好中国巨大的市场，近 5 年每年都以 15％以上的速度进入国内市场，进口酒已占国内市场 1/3 以上。国外葡萄酒国家通过不断宣传推广，与国产葡萄酒竞争消费者，靠大单品，靠知名酒庄品牌，带动国外一批中小葡萄酒企业进入国内市场销售。三是准确定位目标市场。中国要学习法国、澳大利亚、智利等国家的葡萄酒市场推广经验。宁夏产区具备发展中高档葡萄酒的基础与条件，应研究消费市场、顺应消费者，根据区域消费者饮食习惯，生产对应的葡萄酒，丰富葡萄酒种类，提升产品性价比，让更多消费者选择宁夏产区的葡萄酒。四是培育产区品牌。酒庄要实施蓝海战略，引导小众化、个性化消费。产区品牌的核心是品质和诚信，应建立确保品质提升的标准体系，构建产区及酒庄生产、经营的诚信体系。在种植和生产的每个环节都要秉持取之于自然、回馈自然的态度，坚持可持续发展的路子。五是全力推进酒庄基地一体化经营。坚持酒庄酒发展模式，坚持新建酒庄必须有自建基地，坚持酒庄与旅游、文化、生态等产业融合，坚持以产区品牌为支撑，建立多种形式的葡萄酒营销渠道，这些是宁夏葡萄酒产业持续发展的根基。六是培养具有全球视野的人才。宁夏贺兰山东麓葡萄酒产区要走向世界，立于新旧葡萄酒国家知名产区之林，必须培养一批在葡萄酒行业有话语权的本土领军人才，他们上要掌握世界葡萄酒产业发展新趋势，中要了解国内葡萄酒产业发展新常态与市场新趋势，下要熟悉宁夏葡萄酒产业发展现状与问题，并能提出推进提质增效、转型升级发展的新对策。

　　总体而言，国内葡萄酒市场消费总量趋于稳定，增速将保持在一定区间，主力消费群体不断转换，趋向个性化和多元化；购买渠道趋向多样化，营销模式逐步发生变革；产品价格区间趋于集中，葡萄酒国内市场竞争挤压区域变窄。葡萄酒国内市场竞争更加激烈，商务消费和大众消费成为主流，市场呈现黏性竞争格局。

2017 年 3 月于银川

中国葡萄酒市场白皮书

西北农林科技大学李华教授牵头撰写的《中国葡萄酒市场白皮书》，是国内唯一的葡萄酒专业报告，2017年3月19日在成都糖酒会开幕前期发布，对国内葡萄酒市场有很好的指导性。

中国葡萄酒产量持续增长了6年后（到2012年），2013年国产葡萄酒产量从138万吨下降到117万吨，之后国产葡萄酒产量基本保持在113万～115万吨。国内葡萄酒消费市场这十年平均以15%的速度在增长，增长空间让进口葡萄酒快速补位，进口葡萄酒从2006年的3万吨增加到2016年的63万吨。进口葡萄酒涉及近30个国家，随着新旧葡萄酒国家的相继进入，在国际化的大背景下，不同发展理念、消费文化与产品品质标准的教育普及，促进了中国消费者的理性消费与成熟消费，也使国产葡萄酒企业向国际标准看齐，葡萄园管理、酿造工艺、葡萄酒品质得到全面提升。国产葡萄酒在顺应国内葡萄酒市场供给侧与需求侧的需要时，葡萄酒产业及企业发展存在的问题也凸显出来。

❧ 从供需侧分析

中国葡萄酒产业存在以下问题：企业盲目加大投资，生产规模小，非生产性投资比重过高，生产成本居高不下；葡萄园生产管理模式不合理，标准化、机械化程度低，产量、质量、效益不高；葡萄酒酿造过程中添加辅料不合理、过度使用橡木桶；市场营销成本大，产品性价比不高，销售渠道多级分成；葡萄酒教育滞后，消费者不了解酒，葡萄酒质量不稳定，市场信息不对称；消费者对葡萄酒产品物质属性、精神属性认识不足，葡萄酒优良品质与多样性风格、消费者身心愉悦与自我价值的实现得不到体现。针对这些问题，要建立适合中国葡萄酒产区自然特点、风土条件的技术标准；建立中国葡萄酒饮食风俗的文化自信；建立中国葡萄酒社会化教育及推广体系；强化产区葡萄与葡萄酒生产的基础研究，固化葡萄酒风格，优化产品结构，提升产品质量，降低生产成本，建立可持续发展的产业体系。

❦ 从市场营销分析

传统葡萄酒营销思维模式是经销商思维＋渠道思维＋价格思维，以经销商为中心，注重渠道、注重价格、注重概念、注重广告；新葡萄酒营销思维模式是价值思维＋资本思维＋共

享思维，以价值为中心，以满足和创造新需求为根本，注重品质、注重价格、注重体验。思维模式的转变，会促使葡萄酒消费升级，即产品升级、品牌升级、品类升级、渠道升级。品牌与产品升级引发带动品类与渠道升级，回归到对产业链、供应链的管理，对质量的控制。葡萄酒消费发展到一定程度会出现葡萄酒新零售，新零售业态是一个孵化平台和混合业态，最终将走向全域葡萄酒营销。

❦ 从葡萄酒企业分析

近年来，国内葡萄酒独立小品牌发展迅猛，国产葡萄酒企业正摒弃模仿，逐步走向特色化、走向中国化；一二线城市居民的休闲性逛街意愿明显降低，葡萄酒社区店和社区超市成为主要的日常购物场所，葡萄酒社区店的改造升级成为国内市场趋势；让消费者愿意采购是葡萄酒推广的最高境界，面对新消费群体，体验消费将成为未来葡萄酒消费的新趋势。葡萄酒数字化分析营销已经开始，应根据消费者需求市场调查数据，精准投放产品。进入信息时代后，葡萄酒大规模生产的"大趋势"将丧失其价值，取而代之的是个性与小众的"小趋势"。酒庄（企业）抓住了市场消费这个"小趋势"，就是抓住了酒庄（企业）升级、调整的方向与发展的动力源。

2017 年 3 月于成都

中国进口葡萄酒

据海关统计，2016 年，中国进口葡萄酒总量约为 6.38 亿升，同比增长 15%；进口总额约为 23.64 亿美元，同比增长 16.3%；平均价格为 3.71 美元/升，同比增长 1%。在进口葡萄酒总量和总额方面，2016 年度有一定增长，但与 2015 年（较 2014 年增长 37.76%）相比，增长幅度不是特别大，显示出中国葡萄酒市场趋于平稳。中国葡萄酒平均价格自 2013 年起就逐年下降，2016 年的增长幅度不明显，说明大众型葡萄酒仍是国内市场的主流。

2016 年，中国进口瓶装葡萄酒总量约为 4.81 亿升，同比增长 21.8%；进口总额约为 21.94 美元，同比增长 17.12%；平均价格为 4.56 美元/升，同比下降 3.8%。进口瓶装葡萄酒最多的 10 个来源国依次为法国、澳大利亚、智利、西班牙、意大利、美国、南非、阿根廷、新西兰、葡萄牙。2016 年，中国最大瓶装葡萄酒来源国是法国，进口总量约为 1.91 亿升，同比增长 14.4%，约占中国进口瓶装葡萄酒总量的 39.7%；进口总额约为 9.65 亿美元，同比增长 11.82%，约占中国进口瓶装葡萄酒总额的 44%；法国葡萄酒仍然是国内消费者心中品质的象征。十大瓶装葡萄酒来源国前 9 名排名与 2015 年一样，最后一名由德国换成了葡萄牙。从平均价格来看，新西兰价格仍然最高（9.76 美元/升），这主要是因为新西兰葡萄种植和酿造成本高，葡萄酒本身就定位为精品葡萄酒；价格最低的还是西班牙（1.97美元/升）；两国平均价格与2015年相比都有小幅度下降。

2016年，中国进口瓶装葡萄酒最多的10个地区依次为广东、上海、北京、浙江、福建、山东、天津、江苏、辽宁和四川，前10名排名与2015年相比无较大差别（只有天津和江苏调换了位置），说明进口瓶装葡萄酒的消费者主要集中在一线城市和沿海地区。虽然广东和上海的进口量相差不大，但广东依然稳坐进口瓶装葡萄酒龙头位置（进口额约9.25亿美元），几乎是上海进口额（5.52亿美元）的2倍。广东和上海进口量和进口额分别占国内进口瓶装葡萄酒总量和总额的54%和67%左右。

2016年，中国进口散装葡萄酒总量约为1.44亿升，同比下降1.37%；进口总额约为1.13亿美元，同比增长14.1%；平均价格为0.78美元/升，同比上涨14.7%。进口散装葡萄酒最多的10个来源国依次为智利、澳大利亚、西班牙、美国、法国、南非、意大利、葡萄牙、德国和加拿大。2016年，中国最大散装葡萄酒来源国是智利，进口总量约为8586万升，同比下降18.32%，约占中国进口散装葡萄酒总量的60%；进口总额约为5744万美元，同比下降8.67%，约占中国进口散装葡萄酒总额的50.8%。智利低端葡萄酒在国内仍很走俏。十大散装葡萄酒来源国与2015年一样，只有西班牙和澳大利亚、法国和美国调换了位置。从平均价格来看，意大利价格最高

（3.18 美元 / 升），南非价格最低（0.53 美元 / 升）。

2016 年，中国进口散装葡萄酒最多的 10 个地区依次为山东、河北、广东、上海、天津、福建、江苏、北京、浙江、新疆。山东依然是散装葡萄酒最大进口地区，2016 年进口总量约为 9378 万升，同比增长 9.79 %；进口总额约为 6634 万美元，同比增长 22.56 %；两者分别约占国内进口散装葡萄酒总量和总额的 65 % 和 59 %，山东消耗了全国一半多的进口散装葡萄酒。

2016 年，中国进口起泡酒总量约为 1253 万升，同比下降 0.63 %；进口总额约为 5658 万美元，同比下降 6.14 %；平均价格为 4.52 美元 / 升，同比下降 5.44 %。进口起泡酒最多的 10 个来源国依次为法国、意大利、西班牙、澳大利亚、德国、智利、葡萄牙、阿根廷、美国和南非；进口最多的 10 个地区依次为上海、广东、北京、山东、天津、浙江、福建、江苏、四川和辽宁。

对 2016 年中国葡萄酒进口情况进行分析，可以发现以下几个特征：一是国内消费者对葡萄酒认识和了解进一步深入，对葡萄酒品质要求越来越高。二是进口葡萄酒总量 6.38 亿升，其中散装葡萄酒占 22.59 %，瓶装葡萄酒占 75.44 %，起泡酒占 1.97 %。三是进口葡萄酒总额 23.64 亿美元，其中散装葡萄酒占 4.78 %，瓶装葡萄酒占 92.83 %，起泡酒占 2.39 %。四是进口葡萄酒平均价格为 3.71 美元 / 升，其中瓶装葡萄酒和起泡酒的平均价格小幅下降，而散装葡萄酒的平均价格有所上涨。五是智利和法国分别站稳了散装葡萄酒和瓶装葡萄酒最大进口来源国地位，一线城市是葡萄酒消费主力军。

2017 年 3 月于天津

酒庄（企业）要用好新媒体

葡萄酒消费能给消费者带来心理上的满足感和精神上的愉悦感。消费葡萄酒是现阶段国内市场的新时尚。葡萄酒消费群体近5年增长很快，并逐步向理性消费转变，更加注重葡萄酒的品质、品味和品牌背后的文化积淀、品牌价值。新媒体具有传播速度快、受众群体广、能双向沟通、参与成本低等特性。酒庄（企业）要用好新媒体，设计与塑造好酒庄与葡萄酒品牌形象，让消费者一见就喜欢，策划好葡萄酒宣传方案，用消费群体愿意听、听得懂、记得住、朗朗上口、易于传播的语言，讲好产区葡萄园、酒庄、葡萄酒品牌的故事，让酒庄与葡萄酒品牌在市场众多竞争者中一下凸显出来，让消费者记得住、忘不了。

❤ 酒庄（企业）利用新媒体宣传时要坚持四个关键原则

一是以人为本、顺风而呼。宣传时要找准葡萄酒营销渠道和受众群体，明确消费对象、宣传内容及方式。二是双向沟通、巧妙宣传。建立酒庄（企业）与消费者平等、尊重、信任、理解、合作的关系。三是构建葡萄酒与消费者的关系。把葡萄酒品牌传播给有影响力的人，输出葡萄酒文化价值。四是实现葡萄酒价值统筹。以专业意见领袖、公共意见领袖、草根意见领袖为重点，制定酒庄（企业）长期宣传推广规划，让酒庄与葡萄酒产生持久的影响力。

❦ 酒庄（企业）利用新媒体宣传时要把握好四项策略

一是讲好自己的故事。酒庄要挖掘葡萄酒能打动消费者的故事，让故事真实动听、有意义。二是激励消费者去分享。要让消费者在葡萄酒生产与消费中产生信任与共鸣，分享葡萄酒消费的快意。三是借势借人宣传好酒庄品牌。要借产区知名景点、知名特产、政府活动、重大事件、名人等聚焦效应，让消费者记住酒庄与葡萄酒品牌。四是创新宣传推介话语。要用生动、吸引力强的语言，让消费者一听就能对葡萄酒风格与品牌入耳、入脑、入心。

酒庄和葡萄酒要走向国内外市场，离不开产区品牌影响力与产地良好的发展环境，离不开酒庄的统筹运作、国际化视野。葡萄酒品质是酒庄品牌知名度的保证。酒庄（企业）种好葡萄园、建好酒庄、生产出好的葡萄酒只是万里长征的第一步，以后的路更长更艰难，不断提升葡萄酒品质、加强宣传营销、培育酒庄品牌将成为主要工作。在这个漫长过程中，要挖掘好酒庄品牌的发展历史、产地风土、文化内涵，注入属于葡萄酒消费特性的专业知识，融入葡萄酒级别、工艺、品质、口感、品种等专业概念，形成葡萄酒卖点。酒庄在不断提升葡萄酒品质的同时，还要固化葡萄酒的品质及风格，让品质长久稳定，让风格顺应消费市场及目标群体的差异化、个性化需求。总之，酒庄（企业）应借助新媒体，让更多消费者了解和喜欢你的酒庄和葡萄酒，记住你的葡萄酒品牌。

2017 年 12 月 1 日于中国人民大学

酒庄（企业）做响葡萄酒品牌

中国葡萄酒市场规模大、增量空间大、竞争不均衡、品牌集中度低，正处在转型升级期，这是比较典型的潜力市场和机会市场。酒庄（企业）要放眼全球、立足国内，调研发现潜力市场，建立葡萄酒产品标准，精准抓住市场机会，加强葡萄酒品质与品牌管理，培育酒庄品牌与葡萄酒品牌，实现从葡萄园、酒庄到葡萄酒品牌的飞跃。

宁夏葡萄酒企业要着眼于国内外市场，系统化思考，关键点突破，简单化操作，采取市场传播手段，走好"六大步"，做好葡萄酒市场营销与品牌培育工作。

第一步，制定酒庄发展战略。大多数酒庄想得最多的是建设葡萄基地与酿造车间，抓的是生产。等到葡萄酒生产出来了，才开始寻找消费市场、考虑市场发展策略，结果浪费了大量资源，耽误了销售时机。酒庄（企业）一定要知道建基地、建酒庄、抓生产与做市场、做营销所采用的是完全不同的指导思想和经营管理模式，酒庄要根据市场消费态势确定战略布局与目标，眼光一定要高远与独到，要放眼全球市场，立足国内市场，发挥优势进行资源整合和产品配置，谋划酒庄的产品定位、企业发展的市场战略布局与发展规模，抢占市场先机。

第二步，选好酒庄发展路径。新建酒庄（企业）应先用葡萄酒大单品开路，用性价比高的产品打响酒庄知名度。大多数酒庄（企业）进入市场后开发产品众多，各产品规模小、特色不突出，单品销量不大，投入产出比失衡，市场地位不稳。酒庄（企业）要集中优势资源，精准发力，先打造出一个在国内市场有影响力的明星产品，通过这个明星产品，将酒庄品牌塑造起来。当酒庄品牌因其明星产品有了一定知名度和影响力之后，再通过这个母品牌托起多个产品品牌，促进酒庄（企业）快速发展。品牌设计要有传承性、一致性，让消费者能从多个产品品牌之中发现你的品牌设计特色。

第三步，组建酒庄运营队伍。许多酒庄（企业）建成投产后，才发现自己原来是"三无"（无品牌、无渠道、无专业队伍）企业，只好临时招人，招不到合适的专业人员，就把一些前期负责技术或

生产的人员拉到销售队伍中来，这样很难形成一支能战斗的队伍。酒庄（企业）要发展好，首先必须举知名产区品牌的大旗、引具有国际视野的大将，选好种植、酿造、销售等方面的专业人才。这些人才必须具有丰富的实战经验，善于管理团队，能带兵打仗。其次要布市场产品大局、构运营管理大架，根据酒庄（企业）葡萄基地、产品结构、市场布局来组建专业队伍，设置关键岗位，确保产品质量，开拓销售市场；明确每个岗位的职能，分解工作任务。实践证明，酒庄（企业）一定要有长期的人才培养计划，关键技术岗位要培养自己的专业团队，借助外力是不可靠的。

第四步，建立产品市场渠道。酒庄要确定渠道模式，如采用代理、分层经销还是专卖店形式，各种渠道模式是否设置中间商；思考产品市场渠道的长度和宽度，主要指分销渠道的层级和环节的多少、同一层级选用中间商数目的多少；选择好经销商，根据渠道模式和渠道长度、宽度的设置，确定经销商的数量和选择标准；制定好销售策略，主要指酒庄与各级经销商的合作方式，如酒庄对经销商在铺货、运输、终端维护、宣传、扣点、返利、结算等方面的政策。依据酒庄规模，重点圈定几个市场，深入研究市场，除了上面介绍的传统分销渠道外，还要研究进入超市和专卖店、网络营销、观光营销、会展营销等新方式，探索最好的营销渠道。

第五步，树立样板市场模式。创建酒庄与葡萄酒的根据地，打造出样板市场。依托根据地，用性价比高的精品葡萄酒吸引消费者，拓展目标市场，是新酒庄赖以生存和发展的基础。酒庄应扩建根据地、发展根据地，由点到面，将面连成片，从阵地战走向正规战，然后走向全国市场、全球市场。要用根据地锻炼队伍，锤炼团队意志，提升酒庄信心；用样板市场探索新产品推广手段和方法，挖掘新产品的市场空间和增长力。

第六步，灵活稳步对外扩张。利用根据地建设取得的市场推广经验和模式，根据酒庄自身的生产实际情况，点面结合，灵活机动地进行市场扩张。对实力不是很强大、队伍不是很成熟的酒庄来说，要稳扎稳打、步步推进、逐个击破；对实力雄厚、资源丰富、队伍实战能力强的酒庄来讲，要高举高打、快速滚动，使产品快速覆盖全国各个目标市场，如果慢就会贻误战机。企业统筹市场要以全局审视局部，以局部支撑带动全局，以市场引领酒庄扩大规模与调整优化产品，这是酒庄最有效的市场营销、品牌打造模式。

2016 年 5 月于银川

酒庄建设定位与功能布局

鉴于中国葡萄酒消费量持续增长的实际，酒庄酒成为国内市场消费的趋势。中国酒庄规划设计不能照搬国外模式，酒庄的经营特色、建筑风格、规模大小在很大程度上取决于投资建设者对酒庄的定位以及赋予酒庄的功能、未来产品的市场空间。从定位与功能布局上来考虑中国酒庄的建设非常必要。

从国内外酒庄发展的经验来看，酒庄的定位应考虑三种成熟模式。

一是传统式酒庄。依据企业拥有的葡萄基地规模，企业市场容量、投资能力、品牌影响力等要素规划建设酒庄，主要以葡萄酒生产为核心功能。

二是现代式酒庄。在传统式酒庄的基础上，以葡萄酒生产为核心功能，还融入旅游度假、商务服务、文化体验等功能。

三是会所式酒庄。依托知名产区，酒庄投资者主要为自己的企业或财团提供商务活动平台，兼顾葡萄酒生产、度假或生活居住等功能。

无论选择哪种模式，酒庄一般包括主体工程（葡萄园、酒庄、酒窖）、辅助工程（办公用房、宿舍、仓库、水泵房、污水处理房等）、公用工程（供电、供气、供水、排水、消防、绿化等工程）。设计时要实现生产、居住、休闲、接待、商务、展示等功能的合理布局，也就是具备生产、窖藏、生活、商务、展销、旅游六大功能，其中生产、窖藏是酒庄必备的功能，其余功能可供酒庄经营者选择。

❧ 生产功能

生产功能区指酒庄的葡萄酒生产车间。葡萄采摘后，要经过分选除梗、压榨、发酵到成品的全过程。酒庄必须配备榨汁机、过滤机、离心机、冷冻机、发酵罐、储酒罐、离心泵、螺杆泵、热处理机等葡萄酒生产的主要设备，才能完成葡萄酒生产全过程。葡萄酒生产车间一般分为前处理区、发酵区、灌装区、成品区。

❦ 窖藏功能

窖藏功能区指酒庄的葡萄酒贮藏空间。葡萄酒一般需要在恒温恒湿条件下贮藏，1~3年才能达到成品酒的品质。宁夏等中国北方地区原则上把储酒区放在地下，通过自然或机械方法使其达到常年12~18℃、湿度70%左右。贮藏空间一般分为罐储区、瓶储区。

❦ 生活功能

生活功能区指酒庄为满足生产、商务、旅游等人群的生活需求而设置的空间，一般分为生活区、休闲区、后勤服务区等。

❧ 商务功能

商务功能区指酒庄的办公室、会议室、会客室、衣帽间、餐厅、公共卫生间等，是酒庄开展生产经营活动的场所，也是酒庄的商务平台、形象窗口。

❧ 展销功能

指酒庄葡萄酒产品展销区、葡萄酒文化普及和展示区、葡萄酒品鉴区，是酒庄开展品鉴、销售、文化教育活动的场所。

❧ 旅游功能

指酒庄开展旅游、休闲活动等，让人们体验葡萄酒生产全过程，增强对葡萄酒文化、生产、品鉴等方面知识的了解。

酒庄在规划设计时，需要按投资者的需要，根据生态条件、葡萄基地规模、酒庄所处区位，确定酒庄建设模式、生产规模以及产品市场定位，并科学合理地设计酒庄内各功能区。酒庄建设要做到功能布局合理、生产便利、道路通畅、环境舒适，建筑形状独特，具有艺术性、文化性，使酒庄的建筑与葡萄园融入当地文化生态环境之中。

2016 年 1 月于银川

用体验促葡萄酒消费

近年来，体验式消费在各领域发展迅猛，在葡萄酒消费中的地位与作用愈发凸显，正成为葡萄酒教育推广、文化传承的主要途径，成为葡萄酒产业链中的新兴环节。宁夏产区的葡萄酒庄集葡萄园、葡萄酒生产、葡萄酒品鉴等于一体，每年有大量游客、葡萄酒爱好者到葡萄园、酒庄参观，品鉴葡萄酒，酒庄要顺应这种需求，创造游客来酒庄体验的条件，发挥葡萄酒独有的魅力，让消费者走进酒庄，记住酒庄和葡萄酒品牌，体验葡萄酒生产全过程，享受葡萄酒消费的快乐。

全世界的葡萄酒产品有几十万种，每个知名的葡萄酒产区也有上万种，要让消费者记住你的葡萄酒风格与酒庄品牌，必须创造让消费者品鉴葡萄酒的机会，讲好酒庄建设、葡萄酒酿造及品质风格的故事，使消费者在品尝葡萄酒中体验到极大的乐趣。企业要依托酒庄、葡萄园、葡萄酒等资源，大力发展葡萄园与酒庄游；推进葡萄酒文化教育和品鉴，带动葡萄酒营销增收。葡萄酒体验要成为葡萄酒旅游文化"三位一体"、生产生活生态同步改善、一产二产三产深度融合的新业态、新模式，要借鉴世界主要葡萄酒国家的成功经验，创新、探索现阶段中国葡萄酒体验的新模式，让更多酒庄参与其中、广泛复制、开花结果。

体验活动主要以美丽的葡萄园、个性突出的酒庄以及葡萄酒酿造、葡萄酒品鉴、葡萄酒文化等为依托，融合周边山林、田园、湖泊、水库等自然景观资源，以乡土文化、葡萄酒生产、田园生活为引线，集生产、酿造、观光、运动、教育、度假、住宿、购物等生产服务功能于一体。酒庄开展体验活动要做好以下环节工作：

一是建设管理好美丽的葡萄园。葡萄园是酒庄最大的竞争力，要讲好葡萄园风土、葡萄品种故事，同时注重葡萄生长、整形上架、开花结果、成熟采摘，使葡萄园外观整齐美观，园艺化程度高、艺术性强，增强观赏性。

二是设计建设好个性突出的酒庄。酒庄外观、内部功能要与当地环境融合并满足葡萄酒生产体验的要求。从原料与压榨、发酵与转罐、贮藏与灌装、贴标与营销等环节，讲好科学生产的内涵。

三是开发定位好酒庄目标产品。葡萄酒产品是体验的核心，要讲清楚每款产品的消费者是谁、特性是什么、满足什么需求、创造什么价值等，让体验者在讲解和引导参与中记住并选择喜欢的葡萄酒产品。

四是编制酒庄的葡萄酒体验教育课程。每个酒庄都要安排从葡萄园、酒庄到葡萄酒品鉴的合理路线，精心准备讲解内容，让体验者既了解葡萄与葡萄酒生产过程，又了解大自然的神奇与葡萄酒的科学知识，同时增强对本地区、本酒庄历史文化知识的了解。

五是组织好康养休闲活动。酒庄要依据条件，一次规划、分步建设，具备观光、采摘、健身、酿造、科普、休息、运动、自驾、会务、品鉴等部分功能，突出主题，各具特色，吸引游客。

六是选好酒庄讲解人员。讲解人员要具备葡萄酒专业知识与本地区历史文化知识，了解酒庄风土条件、葡萄品种、栽培管理、生产过程及葡萄酒生产工艺，熟悉酒庄生产的每款葡萄酒，讲解后使体验者对酒庄与葡萄酒有深入的了解，增强其购买欲望。

酒庄应针对消费群体开展葡萄酒体验活动，一般应准备好"六个一"，即一场侍酒表演、一瓶代表酒庄的酒、一个参与定制酒的项目、一堂葡萄酒品鉴课、一桌葡萄酒与配餐、一部葡萄酒文化史，要精心选择一项或两项活动，策划好活动内容。酒庄（企业）要加强葡萄酒品质、葡萄酒品牌管理，推广葡萄酒文化知识，让更多的消费者记住宁夏产区、记住宁夏产区的酒庄及品牌、欣赏酒庄风情、选择喜欢的葡萄酒，从而促进葡萄酒消费。

2017 年 5 月于银川

葡萄酒陈年潜力

　　葡萄酒陈年的关键在于酒体的平衡，而单宁（涩味）和酸度是支撑起酒体的骨架，在葡萄酒陈年中，单宁和酸度是抵御氧气的"战士"，可防止葡萄酒被氧化。葡萄酒的单宁和酸度一般与年度气候有关系，年份在气候多变的产区就显得尤为重要。葡萄酒的年份指的是葡萄采收的年份。单宁主要来源于红葡萄皮，而白葡萄酒中几乎没有单宁，白葡萄酒只有酸度做骨架，酸度具有防腐、抗氧化的作用，对红葡萄酒、白葡萄酒来说都非常重要。单宁可以延缓酒体的衰老，人喝进肚子里也会延缓人的衰老，红葡萄酒中有丰富的单宁，这就是人们常说的喝红葡萄酒对身体好的原因。另外，世界葡萄酒陈年潜力较大的都是甜型酒，因此，除了酸度和单宁能帮助陈年外，甜度也是陈年的主要因素，如波特酒、雪莉酒、贵腐酒等都具有相当大的陈年潜力。

　　葡萄酒是有生命的，其生命周期可分为成长期、适饮期、衰退期。葡萄酒由于年份、酿造工艺和葡萄品种的特殊性，一般在适饮期饮用最好。一般骨架比较强壮的葡萄酒都需要通过陈酿（陈放）来驯服，但必须有适合葡萄酒陈放的温度和湿度。比较年轻的、易接近的新酒可以早些喝，新酒在一年左右喝比较好。如果一款葡萄酒酒体越来越薄，单宁没有了，酸度越来越明显，一点果香味都没有，说明酒已经过了适饮期。葡萄酒陈年潜力体现出酒庄酿酒师对各类酒体成长期的判断能力。不同类型的葡萄酒有不同的适饮期，两款陈年潜力相当的葡萄酒，由于不同时代对葡萄酒的欣赏度不同，它们的适饮期也可能不一样。由此，随着陈年时间延长，酒体厚度和风味强度都会发生变化；单宁会随着酒里的色素结合而变成沉淀物，涩味减少，口感越来越柔和；风味会越来越复杂，甜香型的果味会逐渐转化为咸香型的森林味、动物味、菜味等，直到酒彻底"死去"。

据国际葡萄与葡萄酒组织（OIV）统计，全球每年生产的葡萄酒有陈年（6年以上）潜力的不到总产量的1%，一般市场上的葡萄酒适饮期都在3~5年，国际上一些主要葡萄酒国家一般把葡萄酒分为餐饮级、优质级、精品级、经典级、偶像级等。目前，在新旧世界葡萄酒国家市场上一般分级价格为：餐饮级10美元以下、优质级11~50美元、精品级51~150美元、经典级151~600美元、偶像级600美元以上。

葡萄酒企业依据当年生产的葡萄酒品质进行品鉴分级，分级后应针对不同级别的特点，严格控制陈放年限，把不同级别的葡萄酒适时投放到市场上，使之处于最佳适饮期。国际市场上一般相对应的葡萄酒陈放年限为餐饮级1~3年、优质级4~7年、精品级8~14年、经典级15~25年、偶像级（品牌）30年左右。国际上认为葡萄酒良好的陈年潜力来源于三个方面，即成熟的单宁、平衡的酸度、果味饱满的结构，三者缺一不可。

2017年2月于银川

葡萄酒品鉴方法

葡萄酒的成分比较复杂，不同的人对葡萄酒中成分的敏感度、喜欢程度不同，大多数人都能够品鉴出两款葡萄酒中哪一款更甜、更酸或者有更多的单宁。对一款葡萄酒进行系统的品质评价，需要掌握一套科学的品酒方法，在品酒过程中对所有重要的因素综合考虑。

酒杯应选择符合国际标准的品酒杯。酒杯的主要特点是有较圆的杯肚和向内倾斜的杯壁，干净，无擦杯布留下的污渍。倒酒时确保每次倒入的量是相同的，一般倒入 50 毫升即可，这个量就能评估出葡萄酒的视觉、嗅觉和味觉效果。

红葡萄酒的温度一般在 15~18 ℃，白葡萄酒的温度一般在 8~10 ℃，这样的酒体温度，品鉴时能品出葡萄酒应有的风味。

❦ 看酒的外观

手持酒杯呈 45 度角倾斜，从上方观察酒液，主要看酒体的澄清度、颜色浓度和颜色。

澄清度从专业角度一般可以分为完全清澈、清澈和浑浊。穿透酒液的光线不会发生散射就是完全清澈；如果发生散射的情况在可接受的范围之内就是清澈；相反，有大量悬浮颗粒物就是浑浊。

颜色浓度是从专业角度判断一款酒的浓度，主要看颜色从酒杯中酒液最深的部分向酒液最浅的部分的延展变化，以此来评判颜色的浅或深。

颜色是指酒液红色、黄色或褐色的程度。葡萄酒是一种均匀的液体，酒液表层或酒缘的葡萄酒与杯底葡萄酒的组成成分没有任何区别，从不同角度观察酒杯中的葡萄酒时，其颜色都不会改变。当然酒液的深度改变时，其颜色浓度也会随之改变。

❧ 闻酒的芳香

为了能够让葡萄酒的芳香得到最大程度的挥发，应该转动酒杯，然后让鼻子靠近杯口短促地嗅一下。品鉴很大的乐趣来自酒的芳香。芳香的复杂性决定了一款葡萄酒的质量是一般还是优秀。

❧ 品尝葡萄酒

葡萄酒中的糖、酸和单宁是非常重要的成分，对一款酒的风格起着很重要的作用，同时也是餐酒搭配考虑的重要因素。一般舌尖易感觉到甜味，舌的两侧易感觉

到酸味，舌根易感觉到苦味。为了得到准确的感觉，应喝一小口葡萄酒到口中，然后吸入空气，让酒液充分接触口腔的每一个部位。还可以用鼻子嗅葡萄酒蒸发时的气体，嗅觉能够识别一款酒的风味特征。

酒的甜度。主要指葡萄酒中的糖分。一般干型葡萄酒含糖量不能大于 4 克 / 升，半干型葡萄酒含糖量在 4～12 克 / 升，半甜型葡萄酒含糖量在 12～45 克 / 升，甜型葡萄酒含糖量超过 45 克 / 升。

酒的酸度。酸能给酒带来清爽感，再加上酒精的作用，可以抑制微生物的繁殖。葡萄酒中的酸主要是酒石酸、苹果酸或者乳酸。与挥发酸不同，这些酸本身是无味的，只能通过味觉感受到。

酒中单宁。单宁主要来自红葡萄皮和橡木，葡萄梗和葡萄籽中也有单宁。单宁可以通过触觉和味觉感受到，单宁会与唾液中蛋白质融合，从而感觉到干涩。单宁度可以用粗糙还是柔和、不成熟还是成熟来描述。

酒精。酒精能通过触觉感受到。酒精度越高，酒尝起来越饱满。低酒精度的葡萄酒尝起来有点清淡，高酒精度的葡萄酒口感浓郁。国际上称酒精含量低于 10％ 的葡萄酒为低酒精度酒，酒精含量高于 14％ 的葡萄酒为高酒精度酒，酒精含量在 16.5％～18.5％ 的葡萄酒为加强酒。

❦ 葡萄酒质量综合评估

按照以上步骤对一款葡萄酒品鉴完成后，给出一个质量综合评估，主要从葡萄酒平衡性、浓郁度、回味长度、复杂性和代表性、陈年潜力等方面综合评判。

平衡性主要是指葡萄酒果香、酸度、甜度和单宁含量的平衡。果香淡或甜度太低，酒尝起来会艰涩平淡；而酸度或单宁含量太低，酒尝起来会笨拙而无层次感。

浓郁度是指口感的浓郁度，主要根据葡萄酒风味和结构成分来判定。如果风味淡而稀薄，一般葡萄酒质量不会太高，但高浓度不一定代表高质量，需要平衡。

回味长度是指喝下或吐出葡萄酒之后，酒液残留在口腔中的味道所持续的时间。

复杂性来自葡萄酒果味特点本身，如果一款葡萄酒的复杂性很高，其芳香似乎会变化。一款杰出的葡萄酒能够反映出葡萄种植地区的风土特点，这就是代表性。

陈年潜力是指一款葡萄酒适饮期的长短。如果一款葡萄酒果香淡、酸度或者单宁含量低，基本上就属于现在饮用酒，不具有陈年潜力。如果一款葡萄酒有很紧致的单宁结构或酸度较高，并且浓度很高，经过陈年后，到适饮期口感比现在更好。因此，一款好的葡萄酒，其果香、酸度、甜度和单宁应达到平衡，所有成分相互融合，能够表现出葡萄品种或产区风土的独有特点，且能精确地代表一种典型的风格。

总之，葡萄酒品鉴不要神秘化，要简单化、中国化，普通消费者眼中的好酒是酒喝后比较顺口舒服，口味符合自己的喜好。

2017 年 12 月于银川

葡萄酒与中国菜

中国地域广、民族多、风俗异、口味不同，仅中国名菜就有八大菜系。许多前来中国市场探路的外国酒庄或产区协会都对中国菜与葡萄酒搭配做过许多探讨。中餐味道和酱汁丰富，照搬西餐"红酒配红肉、白酒配白肉"的搭配原则过于简单，不完全正确。但这个原则起码是简明扼要的，也很容易让消费者建立起买葡萄酒配餐的自信。餐酒搭配往往是"形式"大于"内容"，西餐能把餐酒搭配做到极致，是因为西餐是分餐制，上菜有先后顺序，这为餐酒搭配提供了可能。此外，西餐的定价包含了餐酒搭配服务的价格。如果中餐实行分餐制，上菜从冷到热、从淡到浓，每道菜配酒就容易多了。只有想办法建立中国葡萄酒教育体系，让葡萄酒登上中餐餐桌，葡萄酒的消费市场才会真正扩大。

酒与餐搭配有一定的原则，其主要基于嗅觉、味觉甚至视觉等感官体验，目的是追求酒菜和谐，进一步提升彼此的滋味。一般我们先寻求酒体轻重与饭菜口感的均衡，用口感饱满的酒搭配口感厚重的菜，用口感轻盈的酒搭配口感清爽的菜。如用带有草本植物味和柑橘味的酒搭配生菜沙拉，或者用带烘烤橡木桶味的红酒搭配炭烤牛排；有较强酸味或甜味的食物需要用更酸或更甜的酒来搭配，以免味觉习惯了食物的味道，将酒本身的味道抵消了；辣味会凸显酒里的单宁使之变苦涩，酸味可以解油腻从而保持口感清爽，甜味可以解辣，单宁会凸显海鲜的腥味等。也可以将风味相近的中国菜品集中分组，按照"菜品组"搭配葡萄酒，如口感清淡的菜品，以干型、口感清爽、无明显橡木味的新鲜白葡萄酒为宜；口感丰富的菜品，以干型、口感厚重、适度陈年的干红葡萄酒为宜；甜点或果盘，以半干型或半甜型的白葡萄酒或桃红葡萄酒为宜。

我认为没有必要每道菜各自搭配最适合的葡萄酒，即使八大菜系的经典菜，不同地方甚至不同师傅制作出来也有无穷的口味变化，实在难以选定以哪个版本配酒。中餐一般许多菜同时上桌，没有明显的顺序可言，更难以一对一地去搭配葡萄酒。基于这种用餐方式，中餐用餐时可以选定干型红白葡萄酒各一款，再加上起泡酒和桃红葡萄酒，放到桌上让用餐者自行选用。干型红白葡萄酒种类多、风格各异，应选择果味浓的葡萄酒，这种酒酸度低、单宁比较柔和，适合大部分中国消费者口味。当温度过高时，葡萄酒会开始失去平衡，酒精跟单宁会挥发，酒体会变得松散。想在用餐时品尝到最佳状态的葡萄酒，可以先在冰箱冰镇 15 分钟，这能让葡萄酒体现出应有的风味，让消费者难忘。

2017 年 3 月于银川

宁夏产区葡萄与葡萄酒高级研修班

这次研修班是在宁夏人力资源和社会保障厅的支持下举办的，宁夏葡萄产业发展局高度重视这期研修班。自治区人民政府原副主席郝林海先生、宁夏贺兰山东麓葡萄产业园区管理委员会办公室主任李学明先生亲自到会，从"十二五"时期葡萄酒产业发展总结，"十三五"时期葡萄酒产业发展重点、方向与政策等方面给大家进行了讲解，意义深远。国家葡萄产业技术体系首席科学家段长青教授、自治区葡萄酒产业首席专家张军翔教授分别从不同方面给大家做了讲解，针对性强、措施务实、方向明确、重点突出、可操作性强，大家要认真学习、因地落实、精准施策，推进宁夏葡萄与葡萄酒质量效益提升，增强市场竞争力。这里我再讲三个方面。

准确定位产区及酒庄

各产区及酒庄要依据中国葡萄酒市场情况，从葡萄酒供给侧结构调整的站位，优化调整产区葡萄品种结构，优化调整葡萄酒市场价格层级，使葡萄品种更适合体现当地风土特点，生产的葡萄酒更突出产区风格、更贴近消费者。宁夏产区被国内外葡萄酒界定为中国最优质葡萄酒产区，所生产的葡萄酒在国内外大赛中多次获奖，每年都有许多酒庄荣获国际大奖。中国葡萄酒市场潜力巨大，宁夏产区葡萄酒未来市场空间大，酒庄要坚定信心，克服发展中的问题，坚持做下去。

❦ 正视差距、精准施策

各产区及酒庄要对标世界知名产区及酒庄，寻找提升的突破点。葡萄酒品质提升将成为永久的主题，要一个环节接一个环节地落实，以提升葡萄与葡萄酒质量与效益为目标，建立酒庄标准化技术控制程序，酿造出好葡萄酒，打造好产区品牌，培育好酒庄品牌，定位好重点消费群体，建立起葡萄酒市场营销网络。

❦ 多环节精准发力，狠抓落实

各产区及酒庄要把优质葡萄园建设作为市场品牌的核心竞争力抓好；推进葡萄与葡萄酒生产的标准化管理，把提升葡萄与葡萄酒品质作为"十三五"时期的重点工作；通过专业培训，全面提升酒庄庄主的国际化经营理念和专业素质，庄主们也要引领员工增强学习的主动性；酒庄酿酒师要了解市场、深入葡萄园，发挥精益求精的工匠精神，使酿造的葡萄酒风格更加本土化、多样化、多层次，满足消费者需求。当今中国葡萄酒市场，品牌消费、特色消费成为新时尚，宁夏产区及酒庄要将品牌培育和市场渠道拓展作为突破点。酒庄（企业）是发展的主体，要充分发挥主动性，依托宁夏产区品牌，培育好酒庄品牌；宁夏产区正在逐渐走向成熟，总结产区发展经验，提炼教育推荐的亮点，开展好产区葡萄酒教育与推广，将成为未来打造产区及酒庄品牌、促进营销的重要手段；创新将成为宁夏产区及酒庄发展的不竭动力，要在技术、品牌、产品、文化等方面进行创新，借鉴世界知名产区与知名酒庄的成功经验，总结应用好宁夏的成功经验与成熟成果；构建好宁夏产区制度与标准体系，营造发展诚信环境，建立健全全产业链产品质量监督体系。这些需要产区、市县（区）政府和酒庄（企业）合力落实好，从而推进宁夏葡萄酒产业持续健康发展。

2016 年 12 月 29 日于宁夏大学葡萄酒学院

西夏王酒业新酒品鉴会

2017 年 1 月 19 日，西夏王酒业邀请中国酒业协会王祖明，西北农林科技大学李华，宁夏大学张军翔、李玉鼎等专家，区内外经销商代表，对 2016 年度 36 款新葡萄酒进行品鉴，并首次发布了"神秘西夏，王者柔情"系列酒。

2016 年，西夏王酒业立足自己的葡萄基地，共收购葡萄原料 9190.64 吨，其中白葡萄原料 1364.18 吨，发酵干白新葡萄酒 977 吨，出酒率 71.62％；红葡萄原料 7826.46 吨，发酵干红新葡萄酒 5314.4 吨，出酒率 67.9％。白葡萄品种有霞多丽、贵人香（糖度 192～204 克／升、酸度 6～8.1 克／升）；红葡萄品种有梅鹿辄（糖度 228～253 克／升、酸度 4.8～5.6 克／升）、赤霞珠（糖度 209～270 克／升、酸度 5～6 克／升）、蛇龙珠（糖度 203～234 克／升、酸度 4.7～5.8 克／升）、烟 73（糖度 163.5 克／升、酸度 6.8 克／升）、西拉（糖度 202 克／升、酸度 6.4 克／升）、黑比诺（糖度 207.7 克／升、酸度 6.8 克／升）、桑娇维塞（糖度 195.2 克／升、酸度 6.8 克／升）、北玫（糖度 259.3 克／升、酸度 8.3 克／升）、北红（糖度 273～287 克／升、酸度 7.7 克／升）。

西夏王酒业从强化葡萄园标准化管理，严把原料质量关，适时采收、优质优价、分级收购，引进先进设备，分级酿造贮存，创新企业文化等环节入手，以市场为导向，打好企业高品质、多元化组合拳，在产品质量提升与多元化发展上下功夫。2016 年西夏王酒业葡萄酒比 2015 年品质好、档次高，新酒结构平衡、圆润、饱满、香气浓，贴近市场与消费者。

在国内葡萄酒市场竞争进一步加剧、国产葡萄酒回升继续乏力的情况下，西夏王酒业整合企业生产要素，打造企业文化，增强企业品牌影响力与市场竞争力，2016 年经营成效显著。笔者的体会有五个方面：一是企业经营者必须深入了解国内外葡萄酒消费市场趋势，加强市场调查，提升经营理念，准确定位企业发展目标。二是充分发挥酿酒师的核心作用，让酿酒师了解葡萄园风土条件、经营管理水平与消费者需求，发挥工匠精神，顺应个性化、小众化市场需求，精准酿造出风格对路的葡萄酒。三是立足消费市场，巩固与经销商的合作关系，同时引入市场竞争机制，利用西夏王酒业规模优势，提供更多元的产品，加大市场推广力度，加大企业及品牌宣传与产品推介力度。四是推进企业形象升级，从品牌培育、产品定位、企业文化、产品包装等方面全方位进行调整优化，加强全产业链管控，降低生产成本、优化流通渠道、提高效率，使葡萄酒风格更贴近终端和消费者，让消费者获得价格和服务的实惠，实现销量增加和效率升级。五是企业开始向葡萄酒多种功能要潜力，发挥三次产业融合发展的乘数效应，用质量优势对冲成本上升劣势，用提高产品质量和服务质量来提升供给侧生产经营体系。

2017 年 1 月 20 日于宁夏农垦集团

长城天赋酒庄品牌战略发布会

我受曹凯龙局长委托，代表宁夏葡萄产业发展局，祝贺长城天赋酒庄与中国航天基金会合作及长城天赋酒庄品牌战略发布会成功，并代表宁夏产区欢迎来宁参加会议的专家及经销商代表，祝各位代表在宁夏工作愉快、身体健康。

借此机会，我介绍一下宁夏葡萄酒产区情况。宁夏产区同中国其他产区一样，在国际化市场竞争中成长，抢抓国家社会经济快速发展、人民生活需求多样化的机遇，借助国内葡萄酒巨大的市场潜力，在自治区党委、政府的坚强领导下，坚持酒庄酒发展模式，促进产业的快速发展与葡萄酒品质的快速提升。宁夏产区现有酿酒葡萄基地57万亩，主要分布在西夏区、贺兰县、永宁县、青铜峡市、红寺

堡区等产地，是中国分布最集中、规模最大的酿酒葡萄基地；建成酒庄 90 家，是中国最大的酒庄酒产区。宁夏产区发展经历了三个阶段，即 2004 年前的 20 年是引进试验、示范探索阶段，2004 年到 2014 年的 10 年是快速增长、基地规模化、酒庄(企业)集群形成阶段，现已进入品牌化、高质量发展、三次产业融合的现代化发展阶段。现阶段，国际葡萄酒快速进入国内市场、国产葡萄酒连续 5 年产量下降，宁夏葡萄酒面临国内外市场的双重压力，要实现转型升级，需要在创新发展、融合发展、品牌发展，打造世界级优质葡萄酒产区上寻求突破，需要几个像长城天赋酒庄一样能引领宁夏葡萄酒产区转型升级的龙头企业，去整合宁夏产区优势资源，把资源优势转变为市场竞争力，带领宁夏产区优质葡萄酒进入国内外市场，培育大品牌、大单品，推动宁夏葡萄酒品质和品牌双升级。长城天赋酒庄所做的探索，顺应了国内外消费市场的新需求，也体现了现阶段自治区党委、政府对葡萄酒产业发展的新要求。在此，对长城天赋酒庄提出三点希望：一是希望长城天赋酒庄以宁夏产区为依托，建设好国内最优质的酿酒葡萄基地，探索优新品种与风土的最佳融合；二是希望长城天赋酒庄发挥国酒的优势，用最精的工艺，酿出代表宁夏产区风格的、中国最优质的葡萄酒；三是希望长城天赋酒庄发挥国企的优势，汇集世界人才，采用最新理念，带动宁夏产区品牌与长城天赋品牌双升级。最后，宁夏葡萄产业发展局将一如既往支持长城天赋酒庄的发展，并祝长城天赋酒庄发挥航天精神，树立国产葡萄酒的自信，奋勇前行，开辟中国葡萄酒发展的新时代。

2018 年 6 月 25 日于长城天赋酒庄

葡萄酒主要赛事与评奖

近几年来国内葡萄酒企业参加的国际大赛越来越多，在国内举办各种大赛的单位和个人也越来越多，这样的大赛在现阶段对中国葡萄酒企业与消费者了解、认识国内外葡萄酒产品品质和葡萄酒企业品牌起到了积极的推动作用。但是，有些国际赛事存在专业性不强、流程不规范、目的不单纯等问题。葡萄酒企业要培育企业与产品品牌，应该把葡萄酒当作一种具有一定地域性、文化属性的商品，这是目前人们对葡萄酒这一特殊商品的共性认识。国内外各种葡萄酒赛事或评奖只是培育企业品牌、帮助消费者了解葡萄酒品质的一种商业推广方式，葡萄酒企业应该选择参加适合自己的国际国内大赛或评奖活动。

❧ 世界知名的葡萄酒大赛

品醇客世界葡萄酒大奖赛（Decanter World Wine Award，DWWA）：由英国葡萄酒专业杂志 *Decanter* 组织，每年一次。样品按不同年度分组，每个组的评委会主席是固定的，每年有世界各国送选的上万个葡萄酒参赛样品，对于生产者来说也是一个认识自己产品水平的机会。现在葡萄酒比赛的评分制度主要有两种，一种是美国的百分制，一种是英国的二十分制。两种制度各有优缺点，近年来，DWWA把二十分制融入百分制里面。不论是哪种评分制度，目的都是让更多的消费者找到适合自己的葡萄酒。

国际葡萄酒与烈酒大赛（International Wine & Spirit Competition，IWSC）：于1969年由酿酒师俱乐部创建，历史比较悠久。

国际葡萄酒品评赛（International Wine Challenge，IWC）：创建于1984年，创始人颇有模仿IWSC的嫌疑，这个大赛于2006年转让出售，在世界各地复制类似概念。

布鲁塞尔国际葡萄酒大赛（Concours Mondial de Bruxelles）：由国际酿酒师协会主席于1994年创建于布鲁塞尔，目前在中国市场上认知度比较高。

巴黎农业大赛（Le Concours Général Agricole）：1855年巴黎世界博览会后，巴黎官方举办的农产品大赛，涵盖葡萄酒、奶制品等农产品。

这些葡萄酒大赛，都是在一定条件下，对选送的葡萄酒参赛样品进行归类评价，基本都是蒙瓶盲品，评委仔细斟酌每款葡萄酒，从视觉、嗅觉、味觉和整体四个维度进行评判，将每个产品总结出简单的评价信息，方便消费者选购葡萄酒，用评出的"奖项"标注其品质，为葡萄酒企业推广其产品提供一种公开识别服务。

❧ 影响国际葡萄酒大赛市场影响力的要素

葡萄酒大赛主办单位的权威性，评选过程的公正性与专业性，评委队伍的专业度与知名度，选送样品的分类管理、样品规模及真实性，大赛的市场推广方式，以及样品参赛收费与否等，都会对大赛与参赛者产生影响。

现阶段，国内葡萄酒市场尚处于葡萄酒产区、酒庄与消费者走向成熟的培育期，酒庄（企业）需要参加各类葡萄酒大赛培育自己的品牌。国内许多葡萄酒组织也举办了各种葡萄酒赛事，赛事品牌影响力尚处于培育成长期。宁夏产区借助每年一度的宁夏贺兰山东麓国际葡萄酒博览会平台，组织产区内企业参加"大金奖葡萄酒"评选，评奖程序不同于国内外大赛，主要是产区内企业参加，评奖标准更倾向于国际化，样品由公证处到酒庄随机抽取，参赛产品的最低产量要求在1万瓶以上，其他程序与国内外各类葡萄酒大赛一

样。今后，"大金奖葡萄酒"评选要注重国内市场消费动态，评奖标准要顺应中国化、本土化趋势。

❦ 国内葡萄酒企业参加国内外葡萄酒大赛的重要作用和意义

一是能了解世界不同产区葡萄酒品质，充分认识国产葡萄酒的品质、差异性；二是能最大限度地展现国产葡萄酒的风格特点，提升中国葡萄酒产区与产品的美誉度和市场影响力；三是便于国内外消费者对国产葡萄酒的对标选择，有利于酒庄固化优良产品的风格；四是能宣传推广中国各产区的优势和特点，增强各种资本进入相关产区的信心；五是有利于各产区和企业对标世界知名产区与企业，补齐葡萄酒产业发展的短板，促进全产业链创新与发展。

近年来，宁夏贺兰山东麓产区屡获国际大奖，成为中国在全球范围知名度最高的葡萄酒产区。2017 年，在品醇客世界葡萄酒大奖赛评选中，中国有 47 款葡萄酒得奖，其中宁夏贺兰山东麓有 24 款；在布鲁塞尔国际葡萄酒大赛中，中国有 78 款葡萄酒得奖，其中宁夏贺兰山东麓有 41 款，中国获得最高奖的 4 款葡萄酒全部来自宁夏贺兰山东麓产区，足以证明宁夏贺兰山东麓葡萄酒产区的发展潜力和实力。

2017 年 4 月于银川

莫斯塔尔经贸博览会

2017 年 4 月 4 日至 8 日，第 20 届莫斯塔尔经贸博览会在波黑莫斯塔尔市举行，这是巴尔干地区规模较大的贸易盛会之一。根据 2016 年发布的《中国—中东欧国家合作里加纲要》，莫斯塔尔经贸博览会首次开辟了"16＋1"专场，举办了"16＋1"农产品和葡萄酒博览会（以下简称博览会）。中国农业部副部长屈冬玉率团参加了博览会，宁夏组织贺兰山东麓产区葡萄酒（4 家企业）、枸杞（1 家企业）、土豆（2 家企业）共 7 家企业参加了博览会，宁夏产区有 10 家酒庄的 18 款葡萄酒展出。

在 4 月 4 日博览会开幕之际，波黑主席团塞族成员姆拉登·伊万尼奇等在农业部副部长屈冬玉和中国驻波黑大使陈波女士的陪同下在中国展位品鉴了长城云漠贵人香干白和贺兰晴雪加贝兰干红葡萄酒，克罗地亚总理安德烈·普连科维奇品鉴了蒲尚马瑟兰干红和留世赤羽干红葡萄酒，波黑副总理兼外经贸部长沙罗维奇品鉴了类人首 L3 干红、华昊柳木高干红、贺兰芳华赤霞珠干红、美御梅鹿辄干红、迦南美地小马驹干红、兰一梅鹿辄干红葡萄酒和波黑 2 款当地特色葡萄酒，各位政要均对宁夏葡萄酒独有的香气与口感表示惊讶。展会期间，到中国展位品鉴葡萄酒的人员有各国农业部及经贸部官员、酒庄专业人员、普通市民、新闻媒体记者等 350 多人，有 30 多家中东欧国家的葡萄酒企业纷纷主动与参展企业进行交流与洽谈，以寻求彼此在葡萄品种、葡萄种植、葡萄酒酿造、生产技术与市场营销等方面的合作机会。展会现场，新华社及中东欧国家的多家媒体对宁夏贺兰山东麓葡萄酒企业进行了采访，宁夏产区也向参观与品鉴的各国政要及媒体赠送了《2016宁夏葡萄酒》、宁夏葡萄酒产区光盘与企业中英文宣传材料300多份，对打造中国宁夏葡萄酒产区品牌起到很大作用。

展会之余，中国驻波黑大使馆组织中国参展人员考察了波黑酒庄和葡萄种植基地，品鉴了葡萄酒，并与酒庄专业人士进行了现场深入交流与学习。

这次博览会，宁夏参展企业负责人认真筹备，参展人员在展会期间品鉴了各国参展的葡萄酒，交流了葡萄酒发展情况，增强了企业对宁夏产区风土优势及做强做大的信心，也增强了对宁夏葡萄酒在国内市场竞争力的认识。参展人员均表示要以工匠精神把好葡萄酒生产质量关，使每款葡萄酒都能突出宁夏贺兰山东麓产区风土，以高品质的葡萄酒来提升宁夏产区品牌的影响力。

注："16＋1"组成国家中，1指中国，16指阿尔巴尼亚、波黑、保加利亚、克罗地亚、捷克、爱沙尼亚、匈牙利、拉脱维亚、立陶宛、马其顿、黑山、波兰、罗马尼亚、塞尔维亚、斯洛伐克、斯洛文尼亚16个中东欧国家。

2017年4月于波黑

成都糖酒会的影响

2017 年 3 月 19 日至 26 日，2017 中国国际酒业博览会在成都开幕。中国轻工业联合会会长张崇和说：近年来，我国酒业快速增长，酒类年销售额达到 9800 亿元，利润总额超过 1000 亿元。目前，中国酿酒行业进入深度调整期，正在深化供给侧结构性改革，大力推进转型升级，一个以消费需求为导向、以创新驱动为引领、增加品种提升品质创造品牌、更加充满生机和活力的中国酿酒业新时代正在到来。他表示，博览会是展示产品、传递信息的有效平台，是贸易洽谈、交流合作的主要渠道，是中国酒业发展的风向标，是全球酒业市场的驱动力，为繁荣我国酒业市场、挖掘潜力、增强活力、满足内需、走向国际发挥了积极的作用。中国国际酒业博览会积极

引导中国酿酒企业坚守工匠精神，追求卓越品质，打造名优品牌，践行社会责任，塑造良好形象，有力地促进了中国葡萄酒业健康发展。澳大利亚驻成都总领事林明皓表示，澳大利亚是世界四大葡萄酒产地之一，2016 年 10 月，中国首次成为澳大利亚葡萄酒的最大出口市场，澳大利亚向中国出口的瓶装葡萄酒增长了 38％，达到 4.9 亿澳元，他希望加强彼此在旅游文化、葡萄酒教育等领域的交流合作。

这届糖酒会，有 36 个国家和地区的 600 多家葡萄酒企业代表、300 多家国内酒类企业参加。在成都糖酒会上，国内经销商 90％以上都是奔着进口葡萄酒去的，国产葡萄酒遭遇冷落。西部产区葡萄酒在国产葡萄酒中唱主角，展位和参展商较多，宁夏和新疆产区专门召开了中国精品葡萄酒品鉴会。新疆吐哈盆地产区主要集中在哈密市、吐鲁番市以及鄯善县一带，种植面积由东向西绵延 800 公里，有酿酒葡萄基地近 5 万亩，在建和建成的葡萄酒生产企业达 30 多家。宁夏遵循酒庄酒的发展模式，目前有酿酒葡萄基地 57 万亩，已建成酒庄近百家，在建酒庄近百家，在国际赛事中有 40 多家酒庄荣获 500 多项金奖。2016 年底，"宁夏贺兰山东麓葡萄酒"公用品牌以 140.96 亿元品牌价值，从数百个国家地理标志保护产品中脱颖而出。宁夏已成为国内最大的酒庄酒集中产区，未来将成为我国乃至世界葡萄酒版图中一道亮丽的风景线。

对国内葡萄酒市场分析发现，无论经济好坏，葡萄酒消费都在持续增长。目前葡萄酒性价比成为国内市场竞争的主流。从国际参展葡萄酒来看，60％以上的产品定位在 100 元 / 瓶以下，这需要宁夏产区及酒庄认真研究这一市场趋势。外国人了解中国市场是零售思维，而中国人是渠道思维。外国人觉得价格合理、产品优质，摆到渠道终端就一定可以卖出去；而中国人认为不光要有好产品、好定位，中间的渠道推力也不可缺少，零售商是其中不可缺少的环节。葡萄酒销售环节过多，费用过高，导致最后到消费者手里价格过高。渠道思维是中国葡萄酒市场的现状，市场需求会促使其慢慢向零售思维转变。

葡萄酒发展历程表明，在市场艰难的时候，只要产品质量没有问题，客户数量就会增加，反映出市场越艰难，客户越需要好的产品。葡萄酒好品牌和好产品也需要市场推广，这成为葡萄酒市场发展的新趋势。当前国内葡萄酒市场迎来了大品牌时代，大品牌和大众品牌要协同发展，这是市场发展的自然规律，产区各个酒庄的决策者应认真思考，顺应这一市场规律。

2017 年 3 月 20 日于成都

"一带一路"发展论坛

我国贫困人口主要分布在山区或交通不便的地区。据林业局调查，我国适合山区开发的经济林树种有上千种，目前已开发利用的不到 80 种。许多地方已开发或待开发利用的经济林树种野生分布在贫困山区，许多树种开发利用价值大、发展山区经济潜力巨大。在贫困地区发展特色产业必须具备四个条件：一是产品国内外市场需求明显而供应短缺；二是具备发展特色产业的生态与经济基础；三是这个产业在所在地区效益比较高；四是当地政府已有发展规划与政策支持。

"十三五"时期精准扶贫成为全社会的主题，为了在贫困地区准确选择好扶贫产业，促进特色产业增收与持续发展，应从以下六个方面准确把握：一是准确把握产业发展的阶段性并进行科学规划。一般农业特色产业发展都会经历扩大规模、提升质量、培育品牌等阶段，所处发展阶段不同，突破的重点是不一样的，规划主要确定发展区域范围、内容目标、产品市场定位与政策措施，突出市（县、区）政府推动的关键措施、政策、组织保障等。二是依据自然条件确定发展品种与技术标准。依据贫困村的自然资源禀赋、贫困户的人力资源状况、产品市场需求，以及发展区域气候、海拔、土壤状况，选择发展品种，确定品种结构，配套产业技术，确保精准施策。三是依据扶持的特色产业特点确定发展模式。要尊重产业规律，因地制宜，完善企业与农户的利益联结机制，促进更多贫困户参与，培养农户市场意识，分享产业链的增值收益。如宁夏葡萄酒产业要坚持酒庄酒以及酒庄基地一体化经营的模式，宁夏枸杞产业要坚持"整村推进、企业与农户联结、农村合作组织等新主体培育"的模式。四是依据市场需求固化产品市场标准。主要在原料生产基地标准化、产品加工工艺规范化和产品质量风格化上下功夫，以市场需求固化产品质量、风格，顺应消费者的喜好。五是依据地域特点培育区域公用品牌。农产品地域风土代表产品风格特色，要挖掘生态资源优势，打造"原字号""特字号"产区品牌。在培育区域公用品牌的基础上，要引进培育带动力强的龙头企业，以国内国外两个市场评判龙头企业的发展，推进企业做强品牌。优质产品标准化生产是企业品牌培育的基础，也是企业的产品得到固化、得到消费者认可的基础。六是围绕产业持续健康发展构建制度体系。一个特色产业要健康发展，一定要有引导科学发展的扶持政策和技术标准，要培养提高经营主体的理念和素质，出台确保产业持续发展与产品质量安全的法律法规。

县（市、区）要把一个特色产业作为富民产业，就得有一任接着一任干、一个规划坚持做到底的决心。切忌领导换、规划调、产业变的事情发生，要持之以恒推进特色产业发展，在发展中解决问题，在发展中提升产品质量和品牌效益，增强产品在国内外市场上的竞争力和影响力。

2017 年 1 月 7 日于北京大学光华管理学院西安分院

为什么说"宁夏模式"
摸准了中国的实际

"中国葡萄酒市场潜力巨大。贺兰山东麓酿酒葡萄品质优良，宁夏葡萄酒很有市场潜力，综合开发酿酒葡萄产业，路子是对的，要坚持走下去。"这是习近平总书记 2016 年 7 月来宁夏视察时对当地发挥风土优势、大力发展葡萄产业的工作思路给予的充分肯定。

几年来，宁夏人民时刻牢记总书记的嘱托，在自治区党委、政府的正确引领下，把规划建设贺兰山东麓百万亩葡萄文化长廊当作调整产业结构、改善生态环境、增加农民收入的一项重大战略决策。

宁夏人民积极对标国际标准，加强交流合作，因地制宜，坚持酒庄酒发展模式，探索国际化、高端化、品牌化发展之路，得到了国内外葡萄酒界的普遍认可，葡萄产业已成为宁夏经济的支柱产业和独具特色的"紫色名片"。

近日，《华夏酒报》产区行采访组专程前往贺兰山东麓产区进行采访、调研，并就宁夏产区发展模式等业内普遍关心的热点问题独家采访了宁夏葡萄产业发展局研究员赵世华。

《华夏酒报》：赵老师，宁夏产区虽然起步相对较晚，但发展速度很快，在国际大赛中的成绩也很亮眼，目前已成为国际上有相当大影响力的新兴产区，您认为其中的成功秘诀是什么？政府在这一产业发展中扮演着怎样的角色？起到了哪些关键作用？请您谈一谈在这方面可以分享和借鉴的经验。

赵世华：我是看着宁夏葡萄酒产业一步一步发展起来的，也参与了其发展过程。宁夏葡萄酒产业在发展路子方面摸准了中国的实际，更摸准了宁夏的实际。第一个原因是找准了发展的路子。我们提出了酒庄酒及酒庄基地一体化的发展道路，可能在中国，宁夏是第一个提出酒庄酒发展思路的产区。

我们出台了列级酒庄的管理办法，酒庄有自建基地是必备的条件。为什么要出台这个办法？这是由于国产葡萄酒的品质不能与世界水平对标，主要是国产葡萄酒原料品质不稳定。为此，2012年，我们提出发展酒庄酒，把基地建设作为发展的基础，走中高端葡萄酒之路。2013年，我们出台了列级酒庄的管理办法，围绕提升葡萄酒品质，实行五级制，其中五级最低、一级最高，两年评一次。

第二个原因是对产区立法保护。2013 年，我们出台了一个产区保护条例。一个产区虽然有国家地理标志的保护，但刚性的东西不多，必须由地方人大立法。2011 年，我们开始调研，用了 2 年时间，2013 年条例正式出台。

地方立法的核心是保护产区生态环境，有污染的企业不能建在产区内。宁夏新建的酒庄必须先有基地，没基地不批建设用地。2012 年之后，宁夏的酒庄必须先建基地，后批酒庄。这就是酒庄基地一体化的经营发展模式。

第三个原因是发挥风土条件的优势。我们对宁夏产区风土进行了系统的研究和划分，这里有地理标志产品保护示范区，适合发展葡萄酒产业。另外，因为国内的葡萄品种比较混杂，我们分 3 次批量引进了近 40 个品系、品种的葡萄苗木，这是我国规模最大的葡萄苗木引进，每次引进的苗木都在 100 万株以上，都是国际上比较著名的品种、品系。例如，赤霞珠有五六个品系，梅鹿辄和霞多丽也是这样，在宁夏分得很细。这是根据风土条件确定最适宜的品种。现阶段世界上一些主要的品系、品种宁夏基本都有。

《华夏酒报》：引进品种苗木需要的资金是怎么解决的？

赵世华：品种苗木是公共基础，这些都由政府出资补贴，因为品种是一个很核心的问题，是基础。政府仅引进品种、繁育苗木就投入了近 5000 万元。一个产区的品种如果与风土不适应，品种没有选择性，基础就不牢，下一步提升品质、创立品牌，是不可能的。

第四个原因是引企选企。我们在引进企业方面是有选择性的，比如，过去引进的张裕、中粮长城、轩尼诗和保乐力加等世界葡萄酒品牌，后期引进的国内原来不是这个行业的企业，都必须有一定的实力。

建基地与酒庄需要时间与持续投入，企业没有实力不行，我们选择的都是在某些行业比较成功的企业，我们把在一些领域比较成功、有思路的企业家引进来做葡萄酒，形成了结构比较合理的集群。

这些企业家的眼光比较好、站位比较高、资金比较雄厚，发展酒庄的起点比较高，也带进了一些其他行业的发展经验。我们好多酒庄投资一亿多元、几千万元，设备是世界上最先进的，技术也是世界上最先进的，还可以请国内、国际上著名专家指导。一批行业外创新思路比较好的企业家进入这个领域，把整个产区带动、支撑起来了，他们的认识、理念、技术、设备，包括市场开拓意识都是比较独到的。

第五个原因是自治区党委、政府的重视。2011 年，自治区党委、政府就做了一个规划，较早地提出了葡萄酒产业与旅游、文化融合发展，实际上就是三次产业融合发展。

还有一个原因是自治区党委、政府重视人才培养，建设了葡萄与葡萄酒产业人才基地，2013 年成立了产区葡萄酒学院，落户宁夏大学。一个产区要提升，没有人才不行。人才没有国际视野不行，技术不到位也不行。

2013 年 7 月，葡萄与葡萄酒产业人才基地纳入国家正式招生计划，首期招了 100 多人，分 3 个专业，一个是营销，一个是葡萄酒工程，一个是葡萄酒文化。此外，成立了宁夏葡萄产业发展局，根据产业、市场的发展阶段让自治区党委、政府的工作规划、措施和企业家的工作思路落地生根。

为了扩大国际交流合作，又成立了宁夏贺兰山东麓葡萄与葡萄酒联合会，这几年，宁夏产区与国际上的交流很多，主要就是因为有联合会，便于和国际上各种葡萄与葡萄酒组织交流，推介宁夏产区。以上所有因素叠加，促成了宁夏产区这几年的快速发展。

《华夏酒报》：现在业内有一种说法，认为宁夏产区的发展模式已经成型，就是"建设精品酒庄，以品质取胜，参加国际大赛获奖，依靠品质和品牌赢得市场"。您作为行业内的专家，是否认同这种说法？宁夏产区在探索自身发展道路方面做了哪些尝试？

赵世华：这个模式还是有的，但也不完全是。我前面提到了酒庄酒的模式、酒庄基地一体化的模式、列级酒庄的管理模式和产区立法保护的模式等，这一系列归结到一起，都是为了宁夏产区葡萄酒品质更好，品牌更有影响力。

《华夏酒报》：那么，我们是否可以简单地将之称为"宁夏模式"？

赵世华：可以这么认为，但这个模式还处于探索和完善阶段。我们有 60%~70% 的酒庄都是近六七年建成的，目前已建成的有 90 家酒庄。宁夏产区是中国最大的酒庄酒产区，相当一部分酒庄都是这些年才开始进入这个行业，虽然起点挺高，请了一批专家，但领导层、经营层、技术层对产区、产品、市场还是心里没底。

我们鼓励他们参加国际葡萄酒大赛，这样可以直接和国际对标，看看自己的产品是否能在国际上拿到奖，一方面增加信心，另一方面，通过反馈的信息，酒庄主、种植师、酿酒师可以改进自己的不足，进行再提升。只要企业在国际上拿到大奖就奖励，像品醇客世界葡萄酒大奖赛和布鲁塞尔国际葡萄酒大赛等，拿一个金奖，奖励 30 万元，以奖代补。企业积极性很高，都在走出去。这两年，获大奖的企业实在太多了，今年布鲁塞尔国际葡萄酒大赛，宁夏产区拿了中国 50% 的奖项，接近 60 个奖项；品醇客世界葡萄酒大奖赛，宁夏产区拿了 80 个奖，占中国获奖总数的 50% 左右。如今，已经不需要政策引导了，去年就将这项政策取消了。

这种模式就是向国际水平看齐，而不是自娱自乐。能拿奖说明你的葡萄酒不错，比如，今年获得布鲁塞尔国际葡萄酒大赛大金奖的东方裕兴，是前几年才建成的新酒庄，去年也获得了大金奖，连续在国际大赛上获奖，增强了新酒庄的自信，企业老板自信心也很足。这样的认识带来了一系列变化，比如葡萄园越管越好，葡萄酒越做越精，更加突出宁夏产区风格。

2013 年、2014 年、2015 年成立的新酒庄比较多，招聘的酿酒师经验不足，我们连续举办 2 届国际酿酒师挑战赛，招募了 23 个国家的 60 名酿酒师，这些酿酒师在宁夏工作了 2 年。招募的酿酒师要求有一定经验和专业学历，在一些品牌酒庄从事过酿酒工作。一个酒庄分配一个酿酒师，带酒庄内一些酿酒师，这样多国葡萄酒酿酒工艺和经验就融入宁夏产区酒庄内。

可以这样讲，宁夏产区是国际化程度最高的产区，23 个国家的酿酒工艺、酿酒风格在宁夏产区都有体现，影响力也很大。最近新西兰马尔堡大区区长要来宁夏参观，就是我们招聘的一个新西兰酿酒师促成的，他和区长在一起吃饭，介绍了宁夏的情况，说宁夏产区不错，酒很好，就这样说动了区长。

《华夏酒报》：那篇报道我看了，也就是说这些酿酒师也成了宁夏产区的义务宣传员。

赵世华：可以这样讲。通过这些方式，我们向国际市场推介我们的产区，也通过第三方——国际酿酒师，来评价我们的产品和风土。我们出版了一本书《国际酿酒师在宁夏》，汇编了这些国际酿酒师对宁夏产区的印象，你也可以看看。我觉得，我们的品质提升快，品牌影响力提升快，在世界行业内的影响力提升快，前面所说的这些工作都是很重要的原因。

《华夏酒报》：我们参观的青铜峡市温家酒堡，在今年的布鲁塞尔国际葡萄酒大赛上拿了大金奖，其酿酒师来自澳大利亚，但是他在世界许多国家工作过，在他指导下酿的酒很难说是澳大利亚的风格，也带有很明显的欧洲风格。

赵世华：这就是为什么说宁夏产区的技术是世界性的原因。酿酒师的经验很重要，他们将不同产区和国家的酿酒工艺等融入宁夏产区的风土，呈现不同风格很正常。这些酿酒师来自 23 个国家，包括印度、匈牙利、罗马尼亚、英国、南非、美国、阿根廷和智利等，最多的是法国、澳大利亚和新西兰，每个国家有 6～7 人。

《华夏酒报》：2012 年以来，中国葡萄酒产业整体呈现逐年下滑的趋势，进口葡萄酒的市场占有率节节攀升，作为中国葡萄酒产业重要代表的宁夏产区准备如何捍卫自身地位？有消费者反映宁夏的葡萄酒品质不错，但价格有些接受不了，性价比不高的问题比较突出，在国际市场上竞争力不强，宁夏葡萄产业发展局下一步准备从哪些方面来解决上述问题？

赵世华：我认为这些酒庄企业家的思路决定了价格的走势，他们以往喝的葡萄酒都是价格比较高的，这决定了他们对产品的定位和期望值是很高的，这是经营理念的问题。另外，酒庄前期投资都比较大，投资者想要尽快收回成本，有些着急，这也是一个问题。另外，我想强调一下并不是宁夏葡萄酒整体价格偏高。

《华夏酒报》：主要是优质葡萄酒。

赵世华：是的，宁夏的优质葡萄酒确实比国际市场价格偏高一些。国际市场同等品质的情况下有品牌溢价。但宁夏都是新酒庄，没有品牌溢价，这样价格就显得高了。

我去年专门研究了这个问题，在广州和香港市场，品了不同价位的酒，大家说的这个信息，我不完全同意，因为他们喝的是个别酒庄品质好、价位高的葡萄酒（800～900元），但90%以上的宁夏葡萄酒都在100～300元这个范围，相比国内市场的国际葡萄酒产品，我们的品质比它们要好，货真价实。

我们有些酒庄专门生产100元以内的葡萄酒，品质不错，销量也很好，甚至50～60元的产品，品质也比同价位的进口产品好。有些人希望喝一些品质好的葡萄酒，但品质好的酒数量不多，价位就比较高，因为它是稀缺资源。

宁夏的葡萄酒价格偏高是3年以前的现象，近3年内，宁夏产区葡萄酒的价格基本上都维持在100～300元这个区间，价格逐步回归理性，是因为国内葡萄酒市场占有率在下降，要想和国际上的产品竞争，就要有价格优势。好多企业都对标国际上比较畅销的品牌，品质相当，但价格比进口产品低30%～40%。我们从去年开始推行"大品牌、大单品"战略，将几个葡萄酒产量万吨以上的企业，如中粮、张裕、西夏王、御马，组织起来拓展市场。

《华夏酒报》：大众化的产品。

赵世华：大众化产品，包括西夏王，一个单品投向市场200万~300万瓶，这样来占领市场，全面推进，形成规模。宁夏葡萄产业发展局正在把一些优势资源整合起来，打造宁夏产区品牌，做规模产品、做大众产品，让有能力的企业走向国内外市场，让喜欢宁夏产区的消费者都能喝到喜欢的葡萄酒，扩大宁夏产区在国内外的影响力。

《华夏酒报》：赵老师，听说社会化服务体系已经在金山试验区落户了。

赵世华：是的，我们在中小酒庄（企业）社会化服务上做了一些探索，如中小酒庄（企业）可以租赁使用酿酒设备、橡木桶等。我们还探索了其他一些模式，比如橡木桶，一家企业订100个或者50个，没办法和橡木桶企业谈，但是通过宁夏国际葡萄酒交易博览中心，统一订货，一次可能订10000个或5000个，那橡木桶企业就要给予价格上的优惠，可以将中小企业的订单上报，统一谈判，这样就有了议价权。

此外，还提供农机、酿造设备维修等服务，这些都是社会化服务。宁夏葡萄产业发展局主要为一些中小酒庄（企业）提供服务，西夏王、中粮、张裕这样的大企业，他们可以自己解决。这项工作才开始起步，还需要探索和完善，但刚进入这个行业的中小酒庄（企业）很需要这样的信息服务、技术服务以及决策服务。

《华夏酒报》：这样可以大大减轻这些中小酒庄（企业）的负担和资金压力。我们在调研过程中，企业也有反馈，希望政府能提供这样的服务。赵老师，这里还有一个大家关心的问题，即中国的葡萄酒产业如果要早一点结束调整，进入健康发展的轨道，从宁夏产区来看，从国家和政府这个层面，还应该给予哪些支持？目前宁夏产区的发展过程中还面临哪些亟待解决的问题？

赵世华：我国的葡萄酒产业发展到今天，主要问题是国内消费者对中国葡萄酒不信任，体现为对品质的不信任、对品牌的不信任、对质量诚信体系的不信任。这种局面不是一个酒庄（企业）、一个产区能扭转的，需要一个漫长的过程。在这种情况下，我认为国家要解决这么几个问题：一是要有一个牵头部门对中国葡萄酒产业进行合理的规划，即对优势产区进行规划。近几年，鲜食葡萄发展不景气，南方不少省份都在用鲜食葡萄酿造葡萄酒，这是一个不好的信息。在目前这样的市场情况下，国家应该有一个部门来做产区规划，把葡萄酒产业集中在优势区域，不能全国开花，这可能使国产

葡萄酒失去和进口产品竞争的机会。品质上不去，就要添加一些东西，甚至造假，风险很大。

二是我国的葡萄酒标准有点低，比如，含糖量的问题，含酸量的问题，酒精含量的问题，以及一些酚类、苷类物质的问题……要对标世界葡萄酒大国，制定一个比较高的葡萄酒国家标准，低于这个标准的企业要逐渐淘汰掉，转到其他行业，不要再误导企业家投资。

三是葡萄酒消费税的问题。葡萄酒是一种农产品、普通饮品，世界上其他国家都以农产品来收税，但是我们国家以工业产品来收税，将来要调整消费税。葡萄酒不是奢侈品，而是饮品。

四是培养一批在国际上有话语权的人才。现在国内葡萄酒的话语权受西方影响，被别人牵着鼻子走。所以要建立中国葡萄酒品质评价体系，适应中餐的口感和风格。没有话语权，就没有市场的引导权。这是一个很重要的方面。

五是国企和一些大的酒庄（企业）要研究国内市场的消费动态，要在优势区建立自己的原料基地。我们的教育、推广体系一定要中国化，葡萄酒评价一定要注重和中国消费者口味的融合程度，不能一味地强调美国大师怎么说、法国大师怎么说、澳大利亚大师怎么说，也不能满世界采购葡萄原料，跟在人家后面跑……我觉得这些问题今后都要解决。

我再谈谈宁夏的问题。你刚才说国产葡萄酒连续几年下滑，去年跌得比较厉害，我们也在不断地分析原因。我们有好的风土，也有一定的技术经验；酒庄基地一体化，有好葡萄园；葡萄酒品质不错，近五年连续在国际上拿奖，在国内外影响力也很大。这都是优势条件，但也有不少问题。

在当前多国葡萄酒围剿中国市场的情况下，我们该如何应对？

我觉得有四条：

第一，品质，要让消费者相信中国能酿出世界一流的葡萄酒，宁夏产区是中国最好的葡萄酒产区之一；

第二，宁夏产区品牌一定要打响，要让更多消费者了解宁夏产区可以产出世界一流的、他们喜欢的葡萄酒；

第三，进入市场的葡萄酒性价比要高，要让中国的消费者都能喝得起宁夏的优质葡萄酒；

第四，政府要监管好，保证葡萄酒品质的稳定性，保证产区发展的持续性、人才的创新性，保证诚信体系和监管体系的建设，这些方面一定要跟上。

从去年开始，我们已经着手建立贺兰山东麓葡萄酒教育培训体系，培养一批专业讲师团队，将来到国内各地宣讲，介绍宁夏产区。国外的一些著名产区都有自己成型的教育培训体系，国内各产区现在还没有。总之，在目前的形势下，压力是有的，但我们也有信心，信心就是我们的风土、品质、政策、法规，以及自治区党委、政府的高度重视，有了这些基础，宁夏葡萄酒产业将进一步转型升级，今后的工作也会有一个新的局面。

2017 年 12 月《华夏酒报》，记者鹿强

让世界都知道
中国宁夏能生产出世界一流葡萄酒

6月8日，宁夏国家葡萄及葡萄酒产业开放发展综合试验区新闻发布会在北京召开。新闻发布会后，宁夏贺兰山东麓葡萄产业园区党工委副书记、常务副主任、二级研究员赵世华向记者详细阐述了中国宁夏为什么能生产出世界一流葡萄酒。

葡萄酒是一种世界性饮品，也是一种大众化饮品。世界上一些葡萄酒产区，有一些产品品牌步入高端产品，但更多的是大众饮品。我们国家目前已进入新阶段，人均 GDP 超过了 1 万美元，中产阶级人口有 4 亿多，这是个庞大的市场群体。贺兰山东麓葡萄酒产区应立足国内国际双循环大格局，让国内外消费者知道中国宁夏能生产出世界一流葡萄酒。宁夏贺兰山东麓有 50 多家酒庄的产品送到国际葡萄酒大赛之中，同世界一些知名产区、知名酒庄同台盲评，获得千项大奖，证明贺兰山东麓产区和产区酒庄能生产出世界一流品质的葡萄酒。综试区将加强同世界知名葡萄酒产区与酒庄的交流合作，让世界了解宁夏、了解贺兰山东麓的优质葡萄酒。

中国葡萄酒尚处于成长期。就贺兰山东麓来讲，酒庄（企业）进入市场的 100 元／瓶左右的葡萄酒，其品质都是对标中高端进口葡萄酒品质出品的，性价比在国内市场是比较高的。消费者感觉贵主要是许多酒庄由于建成时间短、尚处于成长期，品牌溢价大家没有感觉到。贺兰山东麓葡萄酒产区酒庄都有稳定的葡萄原料基地，栽培管理技术和葡萄酒酿造工艺都在不断创新提升，随着时间的推移，贺兰山东麓葡萄酒产区世界影响力会进一步提升。

宁夏气候、土壤等资源具有稀缺性，适合种植酿酒葡萄的土地只有150万亩左右，这也导致酿酒葡萄品种品质的独特性。宁夏贺兰山东麓葡萄酒产区是中国的贺兰山东麓，更是世界的贺兰山东麓，是不可复制、独有的，产品定位应是中高档酒、酒庄酒，具有中国风格，也具有世界风格。

赵世华说，世界上一些葡萄酒知名产区决定葡萄酒品质的要素有4个：气候、土壤、品种和技术。气候就是天时，土壤就是地利，选择出的适宜品种与种植技术、酿造工艺就是人和。

宁夏日照充足（日照时数2851~3106小时），热量丰富（≥10℃有效积温3300℃左右），昼夜温差大，年降水量不到200毫米，水热系数佳，加上黄河水调控补灌，使贺兰山东麓葡萄酒年年都是好酒。

贺兰山绵延200多公里，横亘于内蒙古和宁夏的交界处，阻挡了腾格里沙漠和西伯利亚寒流的侵袭。东有蜿蜒奔腾的黄河水，为酿酒葡萄生长提供了便利的水源保障。贺兰山和黄河的庇佑孕育了享誉中外的贺兰山东麓葡萄酒

产区。贺兰山东麓土壤类型多样，透气性好，富含矿物质；地处北纬 37°43′～39°23′，是业界公认的酿酒葡萄生产的"黄金地带"；海拔 1100 米左右，是种植酿酒葡萄的"黄金海拔"。这些天时、地利因素是葡萄酒特有风土条件的核心。

在品种、技术与工艺方面，宁夏从世界引进 130 多个优良新品种（品系），针对贺兰山东麓产区气候、土壤，选择了能酿造出世界一流品质葡萄酒的品种近 20 个，这些品种酿出的葡萄酒体现了贺兰山东麓产区风土与品种的风格。为了充分发挥风土和品种双优势，宁夏始终坚持酒庄基地一体化、酒庄酒的定位，坚持"好酒是种出来的"理念，加强高标准原料基地建设，产区内每一个酒庄都有稳定的原料基地，都有充分发挥双优势的配套先进生产技术。

宁夏贺兰山东麓产区先后引进法国、美国、澳大利亚等 23 个国家的 60 名国际酿酒师来宁交流，产区立足实际，在不断研究创新的基础上，广泛吸收世界主要葡萄酒国家的技术工艺，有效提升了宁夏酿造工艺和葡萄酒品质。在宁夏大学设立了食品与葡萄酒学院，还成立了宁夏葡萄酒与防沙治沙职业技术学院，增强了产区研究创新能力。

正是天时、地利、人和的完美结合，使贺兰山东麓产区生产的葡萄原料具有香气发育完全、色素形成良好、糖酸度协调等特征，具备生产中高档葡萄酒的基础，造就了宁夏葡萄酒"甘润平衡"的品质和典型的东方风格，成就了宁夏贺兰山东麓葡萄酒产区。

2021 年 6 月《中国日报》，记者胡冬梅

法国波尔多葡萄酒

　　法国波尔多产区是中国消费者比较熟悉的，该产区属大西洋湿润气候，年降水量达 1000 毫米以上，为防治葡萄树病害而发明了波尔多液。波尔多葡萄种植面积 11.5 万公顷，年产葡萄酒 7 亿瓶左右，其中红葡萄品种种植面积 8.5 万公顷左右，品种主要有赤霞珠、美乐等，白葡萄品种种植面积 2.5 万公顷，品种主要有长相思、赛美蓉等，还有 0.5 万公顷葡萄用于酿造甜型葡萄酒。一般葡萄种植株数在 2500～4500 株 / 公顷，其中梅多克产区葡萄种植株数在 7000～10000 株 / 公顷，并且葡萄园更新有加密种植的趋势。法国 AOC 产区一般要求葡萄酒年产量控制在 6000～8000 瓶（每瓶 750 毫升）/ 公顷。波尔多产区有酒庄（庄园）9000 多家，其中能独立生产葡萄酒的有 6000 余家，其余 3000 多家酒庄（庄园）只有

葡萄园，依靠300多家酒商或合作社来生产葡萄酒。酒商按市场需求，既生产普通型酒，也生产比较好的特级酒，还生产定制酒。酒庄根据市场、品质的分类，邀请相关专业人士及记者品鉴，制定葡萄酒价格，销往不同的市场。

波尔多产区最出名的是1855年葡萄酒分级制度。当时世界博览会在巴黎举行，波尔多商会选取了一些葡萄酒参展，但每个酒庄只能选送6瓶酒，这些酒只够展台陈列和评委会品酒用，成千上万的参观者只能看到陈列在橱窗里有限的葡萄酒，而无法亲口品尝。为了推广波尔多产区的葡萄酒，波尔多商会要求葡萄酒经纪人工会提供尽可能详细和全面的列级酒庄名单，明确每个酒庄在五个级别中的归属及其地理位置。当时，世界博览会马上要开幕，时间紧迫，好在经纪人工会早已拥有了所有酒庄葡萄酒质量等级信息，于是按往年葡萄酒质量级别提供了最好的列级酒庄名单，称为"1855年葡萄酒分级制度"。在160多年后的今天，该分级制度仍被世界葡萄酒界所尊崇。

近10年，中国葡萄酒市场增速加快，中国人在波尔多产区买下了120多个酒庄，总计有4000多公顷葡萄园，每公顷葡萄园价格均在1万欧元，典型酒庄加葡萄园价格一般在200万欧元左右，买酒庄从注重酒庄建筑向注重葡萄园风土转变。此外，还在波尔多产区成立了中国酒庄庄主协会，所生产的葡萄酒直接面向中国市场出售，由此波尔多产区产生了专门为酒庄交易服务的中国法律咨询、协调评估等机构。

2016年12月18日于巴黎

法国勃艮第葡萄酒

对于勃艮第产区，中国消费者知之不多，但欧美消费者比较推崇该产区，特别是英国消费者，他们认为勃艮第产区是法国最优质的葡萄酒产区。法国划定了 400 个葡萄酒法定产区，其中勃艮第产区就有 100 个。勃艮第产区从南到北分布在 230 公里的细长带上，有葡萄园 2.8 万公顷，主要种植霞多丽、黑比诺、佳美等品种，其中霞多丽、黑比诺占比达 85％。该产区年降水量 800 毫米左右，土质以石灰岩和黏土为主，属内陆性气候、丘陵地形。1936 年勃艮第产区完成了以土壤因素为主的葡萄园风土划分，全产区葡萄园划分为地区级、村庄级、一级和特级 4 个级别，特级为最高级。勃艮第产区有酒庄 4000 多家，其中 35％的酒庄没有独立酿酒能力，只有葡萄园。酒庄平均拥有葡萄园面积不到 8 公顷。每个酒庄有多块分布在不同地区且级别不同的葡萄园，有的酒庄有葡萄园几十块，每块面积都比较小，葡萄酒产量也少。因此，勃艮第产区酒庄年生产的 2 亿瓶葡萄酒有 50％以上在会员市场销售。该产区酒庄规模都小，有的年生产能力只有几千瓶酒，产区为酒庄服务的酒商联盟和种植、酿造、销售等环节的工会都比较发达，主要在保护产区、市场销售、质量监管检测等方面承担行业规范职能。

勃艮第产区葡萄种植密度一般在 8000～10000 株／公顷。每个酒庄都要向工会与国家提交任务书，任务书规定了酒庄（企业）对产区承担的责任与葡萄种植的株行距、品种、架形、留枝、留穗、自然生草、病虫害防治、发酵过程控制、产品分析指标等内容。同一酒庄不同产区或风土的葡萄园都要分类填报任务书。所属工会制定每年对每个酒庄葡萄酒的调查检测计划,规定年度调查检测时间、次数、质量要求。工会除了检测分析葡萄酒理化指标外,更重要的是通过品鉴对每个酒庄的葡萄酒品质进行认定。这一工作由工会品鉴委员会承担,委员会主要由专业技术人员、酒商(酒庄)和销售人员三方面组成,至少有两个方面品鉴通过后,才允许酒庄生产的葡萄酒上市销售。

勃艮第产区有酒商 300 余家,经营规模都比较小,小的酒商年销售额只有 100 万欧元,家族式居多,外来的酒商目前还没有。酒商都感觉勃艮第产区葡萄园风土划分太复杂了,加上酒庄葡萄酒产量少、价格高、与风土联系紧密,都不愿意花大的精力去了解酒庄的葡萄酒。勃艮第产区年生产葡萄酒 2 亿瓶左右,60% 以上出口,70% 是白葡萄酒,加拿大、英国、美国成为勃艮第产区葡萄酒主要消费国。勃艮第产区葡萄园风土差异化,酒庄针对风土、原料的多样性,精准选用酿造工艺,使葡萄酒风格多样化,勃艮第产区葡萄酒成为法国最好最贵的葡萄酒。

2016 年 12 月 20 日于博讷

法国葡萄酒产业考察

2016 年 12 月 10 日至 24 日，在国家外国专家局的支持下，宁夏葡萄酒产区的考察团对法国波尔多、勃艮第产区的酒庄、经销商、协会、学校等葡萄酒产业相关发展情况进行了考察学习，特别是就法国法定产区成熟的风土划分、人才培养等进行了交流。法国许多好的经验与做法值得我们借鉴，归纳起来主要有以下几点。

一是波尔多、勃艮第两个法国主要葡萄酒产区，都是以法国原产地命名控制（AOC）为基础，构建起各自产区的风土（葡萄园）划分制度，把生产优质葡萄与葡萄酒作为目标，把市场对葡萄酒品质的认可作为标杆，讲好产区葡萄园（风土）故事，以风土条件培育产区品牌，以产区品牌打造酒庄（企业）品牌。

二是准确定位各自产区发展品种、酒庄葡萄酒品质、市场消费群体。依据自然条件，波尔多产区把赤霞珠、美乐等作为主导法定发展品种，勃艮第产区把霞多丽、黑比诺等作为主

导法定发展品种；红葡萄酒占波尔多产区葡萄酒产量的 85%，白葡萄酒占勃艮第产区葡萄酒产量的 70%。宁夏产区主导发展品种是什么？各子产区主导发展品种是什么？品种结构和酒类结构怎么定？这需要我们做长期基础性探索研究，通过优化调整，酿造出体现酒庄之间、风土之间、原料品种之间差异性的葡萄酒，从而满足不同消费群体的需求。

三是两个产区都依据各自葡萄酒风格，制定了以风土与葡萄酒个性为主的葡萄酒教育内容，以产区葡萄酒特征作为宣传推广的切入点，构建了系统化的葡萄酒教育体系，以标准化教育内容推广产区品牌与葡萄酒风格，引导教育消费者普遍认可产区和葡萄酒的风格。

四是精准化组织葡萄生产、葡萄酒酿造，实现全产区葡萄与葡萄酒质量全面提升。酒庄是调控与提升葡萄酒品质的主体，酿酒师是调控与提升葡萄酒品质的核心。酿酒师一定要了解葡萄酒未来目标消费群体对品质的需求，了解葡萄园的风土及管理水平，设计好葡萄酒酿造工艺流程，控制好技术参数，以精益求精的工匠精神，酿造出达到目标消费者对葡萄酒品质要求的葡萄酒。

五是建立完善的产区与酒庄管理制度。坚持酒庄进入产区必须先有葡萄园的准入条件，推进酒庄基地一体化经营，对全产业链进行监管，用质量优势对冲成本上升劣势。宁夏产区风土资源具有稀缺性，酒庄要把生产中高档葡萄酒作为主攻方向，提升产品品质和服务质量。

2017 年 1 月于银川

格鲁吉亚葡萄酒

2015 年 6 月 18 日至 20 日，我们对格鲁吉亚葡萄酒产业发展情况进行了考察。

格鲁吉亚位于连接欧亚大陆的南高加索中西部，属于农业国家，畜牧业和葡萄酒业是该国的主导产业。葡萄种植区的年降水量在 600～1000 毫米，年极端最低气温 –17℃，栽植的葡萄分布在海拔 600～1000 米的区域。

据考证，格鲁吉亚有 8000 多年的葡萄栽培历史，世界酿酒葡萄起源于格鲁吉亚，世界上 5000 多个酿酒葡萄品种中有 500 多个来自格鲁吉亚。目前格鲁吉亚保存有 437 个自主选育的酿酒葡萄品种，建有 525 个国家级世界优良品种资源保存圃。

格鲁吉亚现有葡萄基地 4.5 万公顷，分布在 18 个葡萄酒小产区，由于气候冷凉，白葡萄品种栽培面积占 80％，红葡萄品种栽培面积占 20％。2014 年全国葡萄酒产量 20 万吨，平均每公顷产葡萄酒 4.4 吨。全国有 80 个葡萄酒产量 100 吨以上的规模酒庄，规模酒庄生产的葡萄酒（1.4 亿瓶）占全国葡萄酒总产量的 60％，其中佐餐酒占 90％，价格在 6 欧元左右。另外，全国还有 40％ 的葡萄酒是家庭传统自酿自消费，一般每升价格在 1.3~1.5 欧元。葡萄酒有起泡酒、干型、半干型及白兰地等多种类型。2014 年格鲁吉亚出口俄罗斯（3700 万瓶）、英国（76 万瓶）、中国（120 万瓶）、白俄罗斯（170万瓶）等国家的葡萄酒达6000万瓶。格鲁吉亚建有葡萄酒试验研究中心、葡萄酒质量检测中心、葡萄酒市场营销推广中心，用于推进葡萄酒质量提升、多样化与可持续发展。

格鲁吉亚葡萄酒产业发展给宁夏葡萄酒产业的启示主要有以下几点。

一是依据气候、风土条件及消费者导向，发展自主品种，多样化、区域化选择主导品种，突出个性与特色。格鲁吉亚有18个小产区，发展的主导品种有17个，其中白色品种有9个、红色品种有8个，全部是自主选育的品种，按生态条件、品种特性，分布在不同风土条件的小产区。

二是建立比较完善的葡萄酒产业试验研究推广体系。格鲁吉亚设有葡萄酒试验研究中心，建有 12 个产区试验站，对品种、栽培技术、酿酒工艺等全产业链进行长期试验与研发，并与葡萄种植者、企业建立广泛的技术推广服务联系，用先进的技术支撑产业的持续发展。

三是紧跟世界葡萄酒发展趋势，继承并提升传统酿酒工艺，引进现代工艺与设备，促进葡萄酒产品质量提升与多样化、多层次发展。一些企业既用传统工艺，也用现代工艺及设备，葡萄酒产区在以白葡萄为主导品种的基础上，多样化、多层次研发葡萄酒品种，顺应不同市场需求。

四是建立比较完善的葡萄酒质量检测与监督体系。格鲁吉亚设有葡萄酒质量检测中心，企业每年主动把酿造的葡萄酒或者要进入市场的葡萄酒送到中心进行质量检测与评价，中心还不定期对市场上的葡萄酒进行抽检，确保葡萄酒质量和消费者利益。

五是不断培育提升葡萄酒品牌，拓展葡萄酒市场，建立产区社会化、专业化服务平台，推进葡萄酒产业全面发展。格鲁吉亚设有葡萄酒市场营销推广中心，结合文化、旅游、餐饮等推广葡萄酒，在巩固俄罗斯等传统市场的同时，积极开拓中国等新市场。近两年，在中国北京、上海、广州、乌鲁木齐设立 4 个营销推介中心。在葡萄酒集中产区建立政府补贴与市场运作相结合的农机技术服务中心，在病虫害防治、土壤耕作等方面给予免费服务，以此提高葡萄生产的机械化水平。

2015 年 7 月于银川

澳大利亚葡萄酒

澳大利亚是世界上重要的新葡萄酒国家，用了近 30 年时间立于世界主要新旧葡萄酒国家之林。为了科学推进贺兰山东麓百万亩葡萄产业带建设，提升贺兰山东麓葡萄酒产业发展水平，应澳大利亚贸易投资委员会邀请，笔者对澳大利亚两个州（即新南威尔士州和南澳大利亚州）的葡萄产业基地、育苗基地、酒庄、葡萄酒产业工程中心、葡萄酒学院等进行考察与交流，对澳大利亚葡萄产业发展的先进经验和做法有了进一步了解；澳大利亚葡萄酒崛起的主要经验是摆脱新旧葡萄酒国家条框束缚，研究世界葡萄酒消费市场走势，不断创新技术、创新工艺，完善质量监控制度，尤其在抓质量监控、抓人才培养、抓品牌培育等方面给我们留下了深刻的印象，对下一步科学建设贺兰山东麓百万亩葡萄产业带，充分发挥产地土壤、气候及品种优势，打造贺兰山东麓产区特色品牌，建立葡萄酒质量监控体系将起到重要的作用。现将考察情况报告如下。

❤ 澳大利亚葡萄酒产业发展情况

澳大利亚依据土壤及气候条件划分有 60 个葡萄酒产区，主要分布在澳大利亚东部和西部。澳大利亚有 2000 多家酒厂、酒庄，葡萄种植面积 16.9 万公顷（253.5 万亩），年葡萄产量 185 万吨（平均亩产量 730 公斤），年生产葡萄酒 129.5 万吨（出汁率 70％），总产值 45 亿澳元；出口量 72.6 万吨，出口额达到 27 亿澳元。澳大利亚成为世界第六大葡萄酒生产国（前 5 位依次为法国、意大利、西班牙、美国和阿根廷）和第四大葡萄酒出口国。澳大利亚葡萄酒已经远销英国、爱尔兰、新加坡、新西兰、美国、加拿大、中国、日本等 100 多个国家。

在新南威尔士州政府贸易投资部韦恩·墨菲先生的精心安排下，我们考察了格里菲斯市瑞福利纳产区基地与酒庄，同查尔斯特大学院长、主任及专家进行了座谈交流，并签订了人才培养合作协议。新南威尔士州是澳大利亚第二大葡萄酒生产州，仅次于南澳大利亚州，葡萄酒产业已经成为该州最强的特色产业之一。全州有 14 个葡萄产区，展现出了无可比拟的多样化气候和地形，有历史最悠久的葡萄酒产区猎人河谷，也有气候凉爽的新葡萄酒产区，如奥兰多、南部高地和唐巴兰姆巴，这些产区生产出的葡萄酒种类不同。全州葡萄种植面积 6 万公顷（平均亩产量 630 公斤），葡萄酒产量达到 3.78 亿升，有葡萄酒生产厂及酒庄 475 家，葡萄酒产业总产值 15.3 亿澳元，占澳大利亚葡萄酒产业总产值的 34％。新南威尔士州葡萄酒企业以家族企业为主，压榨量占全州的 75％。1995 年以来，新南威尔士州以全球葡萄酒市场为导向，在葡萄酒出口、生产效率、创新与品质方面取得了很大的进步，葡萄酒产量增加了 2 倍，葡萄种植面积也从 1.5 万公顷以下增加到 6 万公顷，葡萄酒生产商从 144 家增加到 475 家，在澳大利亚葡萄酒出口商 20 强中，新南威尔士州占 7 个。在过去 10 年里，新南威尔士州葡萄酒出口量增加了近 700％，过去 5 年，平均年出口额 5 亿澳元。美国是新南威尔士州最重要的葡萄酒市场，约占新南威尔士州葡萄酒出口量的 50%，其他主要出口市场是英国、加拿大、西欧、中国、日本。

　　我们还考察了南澳大利亚州巴罗萨河谷产区和古老的御兰堡酒庄及苗木生产基地，巴罗萨河谷与新南威尔士州的猎人河谷、维多利亚州的亚拉河谷并称为澳大利亚的三大葡萄酒河谷，也是澳大利亚酿酒历史最悠久的产区。巴罗萨河谷光照充足，气候适宜，土壤多为红褐色的带有细砂的黏土，矿物质丰富，因拥有这些得天独厚的条件，巴罗萨河谷出产着澳大利亚乃至世界上最好的酿酒葡萄和澳大利亚近一半产量的葡萄酒。葡萄品种主要是赤霞珠、黑比诺、美乐、西拉、雷司令、赛美蓉、长相思等，最有特色的是西拉，是澳大利亚最有代表性的品种。御兰堡酒庄始创于 1879 年，是澳大利亚最古老的家族酒庄，位于澳大利亚最重要的葡萄酒产区巴罗萨河谷。御兰堡酒庄葡萄苗圃是澳大利亚最大的葡萄苗木繁育圃，拥有100多个世界知名葡萄品种，也是澳大利亚最早的葡萄苗木生产基地，每年繁育上亿株高品质的成品苗供应澳大利亚及世界不同的葡萄产区。

❦ 主要体会

科学划分特色产区，充分发挥地域优势

世界葡萄酒国家发展的共同经验是，培育知名产区是培育世界著名葡萄酒品牌的基础，世界著名葡萄酒品牌都以知名产区而出名。澳大利亚有 60 个产区，其中新南威尔士州有 14 个产区，每个产区因土壤、气候、海拔以及葡萄品种不同，都有各自的特色品种与主导品种。我们这次考察的瑞福利纳产区坐落在新南威尔士州西部，种植全州 55％的葡萄品种，产量占澳大利亚葡萄产量的 15％，有河水滴灌补充（与贺兰山东麓类似），有五大红白葡萄主导品种，占全州的 70％，赛美蓉作为其特色主导品种，在国际上有重要的影响，该产区的五大酒庄均在澳大利亚葡萄酒出口商 20 强以内。新南威尔士州海拔高的奥兰治产区以长相思、霞多丽、雷司令、赤霞珠和美乐为主；气候凉爽的堪培拉产区最出色的葡萄品种是西拉和西拉威安年等。南澳大利亚州巴罗萨河谷产区御兰堡酒庄以西拉为特色品种，可以酿造出 8 种不同风格的中高档葡萄酒，顺应不同市场需求。这充分体现了澳大利亚各产区立足自然条件优势，发展特色品种、不同风格葡萄酒的科学性。

繁育品种纯正、质量规范的良种苗木是产业发展的基础

优质的葡萄酒是葡萄品种、产地风土、园艺师管理、酿酒师智慧的自然结合，葡萄品种是葡萄酒的灵魂。葡萄酒品质的好坏由葡萄原料的质量来决定，而葡萄原料的质量又与产区风土、葡萄品种与苗木质量密不可分。澳大利亚葡萄育苗基地立足现有规模酒庄（企业）建设品种采穗圃，实行订单生产。御兰堡酒庄建有世界上100多个知名葡萄品种采穗圃，还建有优新品种试验观察圃及组培快繁中心，采用最先进的苗木繁育技术，繁育工艺标准化、机械化程度高。

葡萄酒基础研究扎实，科研与推广有效结合

一个葡萄酒产区要立于世界葡萄酒产区之林，必须从产业发展的各关键技术环节进行系统研究，研究要细致并不断深入，才能保证不同产区良种苗木、基地建设、标准化管理、酿酒工艺及市场定位科学有效。澳大利亚在新南威尔士州、南澳大利亚州等葡萄酒主要州都建有葡萄酒学院，为产区培养本土人才，还建设有国家级葡萄酒产业工程中心，由一定规模的研究人员与推广人员组成，为产业、企业提供指导服务。新南威尔士州的国家级葡萄酒产业工程中心设在查尔斯特大学，1997年建立，现有50人，其中一半是大学从事葡萄酒研究的教授，另一半是新南威尔士州政府从事葡萄产业服务的专业人员，他们共同参与研究与推广，这种机制能把研究成果及时带到生产一线，用先进的技术指导生产，还能将生产一线的实践经验总结上升为科学成果指导新技术推广，并让学生了解葡萄酒产业发展最新情况。中心立足新南威尔士州葡萄酒产业发展，面向世界葡萄酒市场，针对葡萄酒消费去向、葡萄酒质量控制、葡萄酒产业持续发展三个方面进行全方位、多系统的研究，如对压榨温度、酒瓶颜色等影响葡萄酒质量的产业链、关键技术进行研究，用技术创新来全面提高葡萄酒质量。

加强葡萄与葡萄酒质量监控，确保葡萄酒质量优质稳定

澳大利亚葡萄酒近 30 年快速崛起，立于世界葡萄酒国家之林，主要原因是建立了全产业链比较完善的质量监控体系。澳大利亚葡萄酒产区都有葡萄酒质量检测控制机构，定期对原料生产过程进行监测，确定适宜的原料采收期，还对各酿酒企业进行改进并规范酿酒工艺流程，定期对企业酿造的葡萄酒进行抽检、等级评比，面向世界消费市场进行宣传推荐，让消费者了解各品牌葡萄酒的食用价

值。澳大利亚规定使用知名优质产区商标的企业，85％以上的酿酒原料必须来自本产区，信息全面公开。澳大利亚还建立了葡萄酒发展与质量研究基金会，每个生产企业生产1吨葡萄酒要向基金会交2澳元，每个生产组织交5澳元，联邦政府对基金会进行同等配套，这些基金投放到葡萄酒产业链各个关键技术环节，用于技术创新与改进，以此确保质量监控机构对葡萄酒质量监控与产区葡萄酒市场推荐等工作的运行。

❦ 几点建议

全力打造贺兰山东麓成为世界知名葡萄酒产区

要以独有的自然条件、特有的质量风格、创新的技术体系、浓郁的中国酒文化支撑产区品牌的打造。贺兰山东麓产区南北长200多公里，不同地区气候与土壤差异性大，要把贺兰山东麓产区科学划分为若干个特色产地，每个产地选出最适宜的特色品种，生产出最能体现产地风土的优质原料，酿造出不同风格的中高档葡萄酒。把最能体现产区风格、质量稳定的葡萄酒推向国内外市场，需要我们长期的艰苦努力和科学踏实的工作。

要以技术创新提升葡萄酒产业整体发展水平

业界公认高档葡萄酒是种出来的，这体现了优质原料的重要性。优质原料是产地自然条件与管理技术的集合体，不是葡萄产量越少越优质，而是通过精细化、标准化管理，让产区自然特点能充分发挥出来。澳大利亚酿酒葡萄平均亩产量在700公斤以上，最高产量能达到 1500 公斤以上，原料质量还能保证，而宁夏酿酒葡萄平均亩产量只有 240 公斤，能酿造中高档葡萄酒的原料不到 60%。必须从产区生产优质葡萄这一基础做起，对每个技术环节进行集成配套，形成从产区特色品种、基地标准化管理到酿造工艺创新等多个环节的技术规范。建议尽快组建贺兰山东麓葡萄酒教育学院及宁夏葡萄与葡萄酒研究院，建立开放合作机制，全方位进行人才培养与葡萄酒产业发展技术的研究攻关，确保基础研究、应用研究与技术推广、产业化开发有机结合，推进葡萄酒产业发展水平不断提升。

要以法规、政策、规程确保葡萄酒产业科学持续发展

目前，贺兰山东麓成为国内外葡萄酒界的热土，知名葡萄酒品牌不断进入，葡萄酒庄（酒厂）发展迅猛，商用品牌层出不穷，但市场上的葡萄酒质量令人担忧，产区品牌亟待保护，产品品牌需要规范推荐。应立足国内市场，根据世界葡萄酒消费态势及质量标准，制定贺兰山东麓葡萄酒产区保护条例及推进产业科学发展的政策措施，建立贺兰山东麓优质葡萄生产、中高档葡萄酒酿造、葡萄酒贮运质量监控技术规程与中国第一个省区葡萄酒质量控制体系及葡萄酒质量市场推荐评价制度，规定准入条件与发展定位，从而确保产区生态条件不受破坏、葡萄原料与葡萄酒质量优质稳定、消费者放心消费并物有所值，以产区生态优势、产品质量及特色推动贺兰山东麓葡萄酒产业科学持续发展。

2011 年 12 月于银川

刊于《西部人才》2012 年第 1 期

世界葡萄与葡萄酒

2017 年 4 月 11 日，国际葡萄与葡萄酒组织（OIV）总干事让·马赫·奥朗德在总部巴黎发布了 2016 年全球潜在葡萄酒产量、收成评估及国际贸易方面的情况。

2016 年，世界葡萄园面积 750 万公顷，中国（84.7 万公顷，含鲜食、制干葡萄）的葡萄园面积持续增加，增加了 1.7 万公顷，主要是鲜食葡萄，仅次于西班牙（97.5 万公顷），成为世界葡萄园面积第二大国。葡萄园面积排在前五位的国家占到世界葡萄园面积的 50%，其中：西班牙占 13%、中国占 11%、法国占 11%、意大利占 9%、土耳其占 6%。2000 年以来，欧洲、土耳其、伊朗的葡萄园面积减少；中国酿酒葡萄面积有了一定发展；美国和南半球大多数葡萄酒国家葡萄园面积比较稳定。

2016 年，世界葡萄酒产量较 2015 年下降了 3%，下滑至 267 亿升，主要原因是 2016 年的恶劣气候条件影响了一些国家和地区的葡萄酒产量，其中：意大利 50.9 亿升、法国 43.5 亿升、西班牙 39.3 亿升、美国 23.9 亿升、澳大利亚 13 亿升、中国 11.4 亿升、南非 10.5 亿升、智利 10.1 亿升、阿根廷 9.4 亿升。意大利、西班牙的葡萄酒产量略高于平均水平；法国、德国、葡萄牙及罗马尼亚的葡萄酒产量低于平均水平。美国、澳大利亚、新西兰的葡萄酒产量超过往年；与 2015 年相比，阿根廷、智利、南非的葡萄酒产量减少。

2016 年，世界葡萄酒消费量达到 242 亿升，较 2015 年增长了 0.4％，在 2008 年经济危机后稳定。世界主要葡萄酒消费国的葡萄酒消费量占世界葡萄酒消费总量的情况为：美国占 13％、法国占 11％、意大利占 9％、德国占 8％、中国占 7％。美国的葡萄酒消费量增加到了 31.8 亿升，确立了其全球最大葡萄酒消费国的地位。意大利和中国的葡萄酒消费量出现增长，分别为 22.5 亿升和 17.3 亿升。法国、德国、西班牙及俄罗斯的葡萄酒消费量几乎保持稳定，分别为 27 亿升、20.2 亿升、9.9 亿升和 9.3 亿升。中国葡萄酒消费量比较 2015 年增长 6.9％，增幅位居全球之首。

2016 年，世界葡萄酒贸易量略有减少（104 亿升，下降 1.2％），

而贸易额略有增加（290 亿欧元，增长 2％）。其中：瓶装葡萄酒占54％，近 4 年来趋于稳定；散装葡萄酒占 38％，较 2015 年减少了 4％；起泡酒占 8％，出口额继续攀升。世界主要葡萄酒出口国有西班牙（出口 22.3 亿升）、意大利（出口 20.6 亿升）、法国（出口 14.1 亿升）、南非（出口 4.2 亿升）、美国（出口 4.1 亿升）、德国（出口 3.6 亿升）、葡萄牙（出口 2.8 亿升）、阿根廷（出口 2.6 亿升）及新西兰（出口 2.1 亿升）。世界主要葡萄酒进口国有德国（进口 14.5 亿升）、英国（进口 13.5 亿升）、美国（进口 11.2 亿升）、法国（进口 7.9 亿升）、中国（进口 6.4 亿升）、加拿大（进口

4.2 亿升）、俄罗斯（进口 4 亿升）、荷兰（进口 3.8 亿升）、比利时（进口 3.1 亿升）及日本（进口 2.7 亿升）。中国成为继智利、澳大利亚最大的葡萄酒出口市场，美国仍然是法国最大的出口市场。世界五大葡萄酒生产国（法国、意大利、智利、西班牙、澳大利亚）2016 年对中国的出口量和出口额均有增长。

近日，摩根士丹利分析了 2016 年中国葡萄酒市场的变化趋势，提出中国市场尚处于"非合作博弈"的价格战阶段，中国葡萄酒市场总量呈增长态势，但增幅并不明显，处于不温不火的境况，表现出进口葡萄酒蚕食国内市场增量份额并围剿国产葡萄酒的态势。主要原因是，葡萄酒尚未打开三四线城市消费市场，缺乏迅猛增长的动力。唯有全方位对葡萄酒进行宣传推广，才能真正打开三四线城市新市场，培养更多的消费者。国产葡萄酒投入不足，特别是一些知名葡萄酒企业销量都在减少，而进口葡萄酒投入增加，成为制约中国葡萄酒市场进一步快速发力的因素。目前，这种进口葡萄酒与国产葡萄酒"非合作博弈"的价格战预计未来还会持续一段时间。中国消费者越来越倾向购买自己喜欢的葡萄酒，而且比以往更喜欢选择比较便宜的葡萄酒。2017 年，中国市场对国际葡萄酒的影响力将持续增长，中国市场对世界主要葡萄酒生产国来讲越来越重要。

2017 年 4 月于银川

中国果酒的品牌突围

果酒用果汁或果浆经发酵酿制而成，酒精度一般在 12％vol 左右，富含多种氨基酸、维生素及矿物质，经常饮用不仅可以促进血液循环和新陈代谢，改善心脑血管功能，而且含有的大量多酚物质可以抑制脂肪在人体堆积。果酒种类很多，按照酿制工艺可分为 3 类，即酿造酒、蒸馏酒和配制酒；我国果酒按原料不同分为 4 类，即浆果类、仁果类、核果类、柑橘类。目前，我国酒类产品主要有白酒、啤酒、黄酒、葡萄酒、果露酒五大类，葡萄酒单列于果露酒之外。这里将葡萄酒、果露酒统称为果酒加以论述。

❦ 国内外果酒产业发展现状

在发达国家饮用果酒很常见，一些国家和个人甚至自酿果酒饮用，比如法国、意大利等国家有自酿葡萄酒的文化，很多日本家庭有自酿青梅酒的习惯。国外消费者对果酒的需求量比较大，从市场占有率来看，世界范围内果酒占饮料酒的比例为 15％~20％；从人均年消费量来看，世界范围内的人均果酒年消费量在 6 升以上；从技术层面来看，国外生产果酒的技术和装备比较先进，也很成熟，特别是葡萄酒方面，品种、技术、装备、辅料等均被我国借鉴和引进。

　　我国是世界水果生产大国，水果产量居世界首位，这使得果酒开发具有丰富的原料基础。葡萄酒、枸杞酒、石榴酒、杨梅酒、金橘酒、橄榄酒等果酒不断丰富着我国的果酒市场，同时，不少省区利用本地区的特色果品生产加工果酒，如山东烟台、河北秦皇岛、宁夏贺兰山东麓的葡萄酒，宁夏的枸杞酒，广西、广东的荔枝酒，浙江的杨梅酒和桑葚酒，海南的菠萝酒和椰子酒。我国葡萄酒近几年发展速度加快，但其他果酒发展仍相对缓慢，且果酒在普通消费者中的认可度仍然偏低，排在白酒、啤酒、葡萄酒和黄酒之后。从市场占有率来看，中国果酒占饮料酒的比例不到3％；从人均年消费量来看，中国人均果酒（含葡萄酒）年消费量近1升，其中葡萄酒占80％以上，与世界平均水平相比差距较大；从品种来看，除葡萄酒外，大多数果酒企业并没有实现规模化、科学化、品牌化；从品牌来看，仅张裕、长城、西夏王、王朝、威龙等就占据了葡萄酒

市场份额的 50％以上，宁夏红枸杞酒一枝独秀，其他果酒很难让国人知晓；从技术层面来看，我国在生产工艺上大都引用国外一些成熟的关键技术和装备，与此同时，近几年也自主研究了一些新技术和新装备。总之，我国果酒行业整体产业规模比较小、企业实力比较弱、技术装备水平比较低、品牌影响力不大，尚处于发展初级阶段。

🌱 中国果酒产业前景广阔

近十年来，我国酒业结构得到进一步调整优化，出现了四个转变，即从高度酒向低度酒转变、从烈性酒向营养酒转变、从勾兑浸

泡酒向发酵酒转变、从粮食酒向果酒转变，行业的整体素质也得到很大程度的提升。同时，国外葡萄酒的快速进入给我国酿酒工业带来了严峻的考验，尤其是对果酒市场的影响很大。我国果酒行业尤其是葡萄酒业虽然取得了很大的发展，但与法国、意大利、美国、澳大利亚等葡萄酒国家相比，不管是在生产技术和装备，还是在产量、质量和品牌上都存在很大差距。随着国家酒业政策的调整，消费者天然、健康、时尚意识的提高，低酒度、高营养的果酒具有巨大的开发潜力。

随着人类保健意识的提高，国际葡萄酒市场已走出 20 世纪 80 年代的低谷，无论是葡萄酒生产，还是葡萄酒消费和国际葡萄酒的进出口贸易，都已进入稳定发展的新阶段。据国际葡萄与葡萄酒组织（OIV）统计，近十年全球葡萄酒消费量年增长率近 4%，世界葡萄酒进出口贸易量增长 13% 以上。在我国，由于近年来以葡萄酒为代表的果酒的保健价值逐渐被国人认同，全国葡萄酒消费量迅速增加，近十年来全国葡萄酒消费量以年均 8% 以上的速度增长。我国是人口大国，又是区域饮食特点突出的消费大国，以宁夏红枸杞酒为代表的地域果酒层出不穷，只要人均消费量略微增长，就将给果酒产业带来巨大的发展空间。据国际葡萄与葡萄酒组织（OIV）统计，我国已成为世界上主要的葡萄酒生产国和进出口国家之一，葡萄酒的进出口贸易已成为我国国际贸易中一个新的增长点。

❦ 三大手段把好质量关，实现果酒品牌突围

国际市场的竞争实质上是营销策略和产品质量的竞争，而营销

策略竞争最根本的基础还是产品质量，而决定产品质量最重要的因素莫过于特色、技术和工艺。采用先进的技术和工艺，生产具有地域特色的优质果酒，是我国果酒市场竞争力的根本所在。我国葡萄酒从整体上看和世界先进葡萄酒国家有一定的差距，主要体现在技术、装备和人才上，这是客观事实。但我国也有一些世界级水平的优质葡萄产区与葡萄酒，这也是世界葡萄酒界公认的事实。一些像宁夏红枸杞酒等特色突出、中国独有的果酒，有走向国内外市场的潜在优势。我们必须科学认识到，在当前国际葡萄酒市场竞争日益激烈的情况下，我国果酒要全面进入国内外市场，还有许多事情要做，其中最主要的是推进我国果酒技术、工艺和装备不断进步，推进果酒区域化布局，提高果酒质量，打造国内外知名的果酒产区、特色品牌和产品品牌，抢占市场份额。

为了有效推动果酒产业朝着现代化、国际化的方向发展，必须严格做到标准化、优质化和多样化。首先，要高度重视原料基地的建设，尤其是标准化基地建设。好的原料方可酿造出优质的产品，果酒质量的优劣，在很大程度上取决于加工原料的品质。葡萄酒有成熟的产区管理经验，其他果酒应该向葡萄酒学习，在原料基地区域化和酒种区域化方面做好工作，充分发挥特定自然条件、特定优良品种的潜力。其次，应加快标准的制定与完善。目前，我国果酒行业标准不够完善，或者标准水平不高，与国际行业发展不接轨，尚处于初级阶段。要借鉴国际葡萄酒标准，做好技术装备的引进、创新与集成工作，从种植到酿造再到营销，进行全产业链的标准制定、规范与提升，以标准促进果酒行业的持续健康发展。最后，消费群体不一样，对果酒质量、风味等的需求也不一样，特别是近些年人们对健康更加关注，在消费果酒产品时非常关注其酒精含量、糖度、保健功能等。因此，要立足国内市场对消费市场进行深入调研分析，及时开发出适合不同消费群体的产品来满足市场需求，进而使得我国果酒企业甚至整个产业立于不败之地。澳大利亚、阿根廷等新葡萄酒国家不断创新葡萄酒标准，开发出适合不同国家、民族消费的葡萄酒，抢占世界市场；宁夏红枸杞酒也经历过运作低谷期，为了走出市场困境，自主研发出适合不同消费需求的"传杞"系列果酒——"红色传杞""金色传杞""经典传杞""金奖传杞"，以市场消费拉动果酒产业质量提升。

中国是酒类产品生产大国，但目前还没有相关法律出台，且酒类产品由国家多个部委依据职责多头管理，所有的监督管理都以国家技术标准为依据，这在一定程度上给监督管理带来了困难，特别是对自然因素的控制，只有最终产品标准的控制而没有中间过程控制是非常不现实的，也是没有约束力的，因此造成了假冒果酒产地、年份、品种等情况的发生。2012年，宁夏为了发展贺兰山东麓葡萄酒产区，成立了宁夏葡萄花卉产业发展局；出台了《宁夏回族自治区贺兰山东麓葡萄酒产区保护条例》，在国内果酒行业立法上开了先河。果酒行业要不断完善质量监督的法律法规，建立健全质量监督的组织体系，加大监督管理力度，提高监督管理的有效性，营造公平诚信的市场环境，这将是果酒行业今后一个时期的重要任务。要通过市场监督管理，推进果酒行业现代化、规范化发展与质量全面提升。

刊于《中国林业产业》2014年第3期

宁夏葡萄酒产业高质量发展

  2022 年 7 月下旬，宁夏贺兰山东麓葡萄酒产业园区管理委员会会同西北农林科技大学、宁夏大学的相关专家、学者组成专项调研组，围绕构建现代葡萄酒产业体系、生产体系、经营体系，形成集研发、种植、加工、营销、文化、生态为一体的全产业链，打造"世界葡萄酒之都"等方面，分别在银川市、红寺堡区、青铜峡市三个产区召开座谈会，发放调研问卷，并深入多家酒庄进行现场调查研究。目前宁夏葡萄酒产业处于高质量发展关键期，要主动适应国内外葡萄酒产业发展趋势，聚焦提高供给体系质量，从全产业链着手，从一体化发力，优化资源配置，聚合多方要素，以创新为动力，以融合为突破，以品牌为引领，促进产业可持续发展。这次调研时，酒庄投资者、专业人员和营销人员都谈到对推进高质量发展的六个方面的认识。

  一是产区品牌是葡萄酒产业发展的基础。维护贺兰山东麓产区品牌的高端形象与荣誉是葡萄酒产业高质量发展的基础，是政府、酒庄和企业共同的责任。

  二是优质基地是葡萄酒产业发展的核心竞争力。酒庄基地一体化，每个酒庄必须拥有稳定经营的基地，这是确保这一核心竞争力的有效方式。

  三是酒庄及相关企业是葡萄酒产业发展的主体。要多培育经营主体，做强做大一批酒庄及相关企业，这是葡萄酒产业高质量融合发展的关键。

四是科技人才是葡萄酒产业高质量发展的动力。政府、高校与企业应加强产学研协同创新，持续培养与提升全产业链人才。

五是领军产品是葡萄酒产区市场营销的引擎。酒庄要有长期的品牌培育计划，保持品质与品牌的可持续性。

六是政策及相关标准是葡萄酒产业高质量发展的保障。政府应从葡萄酒行业定位、标准规范、财税金融支持、基础设施等方面，建立健全产区管理标准机制和法规政策。

全产区达成这六个方面的共识，来之不易，这是宁夏葡萄酒走向国内外市场、实现高质量发展的基础。

🌱 产业发展现状

经过 40 多年的发展，宁夏葡萄酒产业已进入高质量发展的关键阶段，发展态势持续向好，发展机遇前所未有。历届自治区党委、政府立足贺兰山东麓资源禀赋，引进了优新品种及种酿技术，引进了中粮长城、张裕、保乐力加、轩尼诗、美的等国内外一批知名企业投资，建成了贺兰县金山、西夏区镇北堡、永宁县玉泉营、青铜峡市甘城子、红寺堡区肖家窑五大酒庄集群，走出了一条中国特色的酒庄酒之路。习近平总书记两次视察宁夏，都对葡萄酒产业发展充分肯定并寄予厚望。

截至 2021 年，宁夏酿酒葡萄基地占地面积 52.5 万亩，是我国最大的酿酒葡萄集中连片产区，占全国酿酒葡萄种植面积的 1/3 以上。现有酒庄与企业 228 家，其中酒庄 116 家、有基地没酒庄的企业 112 家。

2021 年，宁夏酿酒葡萄产量 14.2 万吨，葡萄酒产量 1.3 亿瓶，占国产葡萄酒总量的 37.3%，酒庄接待游客达 120 万人次以上，实现综合产值 300 亿元。自 2011 年贺兰晴雪酒庄获国际大奖以来，先后有 60 多家酒庄荣获世界葡萄酒大赛大奖 1100 余项，得到了业界和消费者的认可。葡萄酒产业使近 40 万亩荒地变成了绿洲，沿贺兰山东麓形成了 120 多公里长的绿色生态屏障，成为宁夏对外开放、交流合作的"紫色名片"。

宁夏葡萄酒产业主要分布在银川市、吴忠市、中卫市、石嘴山市和农垦集团，涉及 12 个县（市、区）和 5 个农垦农场。其中：永宁县 11.33 万亩（集中在闽宁镇及贺兰山沿山地带）、贺兰县 2.15 万亩（集中在金山试验区）、西夏区 4.48 万亩（集中在镇北堡镇及周边）、金凤区 0.52 万亩（集中在植物园片区、满城北街）、青铜峡市 12.91 万亩（集中在甘城子、鸽子山地区）、红寺堡区 10.94 万亩（集中在肖家窑、柳泉等地）、同心县 2.59 万亩（集中在韦州镇）、中卫市 0.2 万亩（集中在沙坡头区）、石嘴山市 0.74 万亩（集中在惠农区、大武口区）、农垦农场 6.51 万亩（集中在黄羊滩、玉泉营、莲湖、暖泉、渠口农场）。

从 1984 年开始，宁夏葡萄酒产业经历了前 20 年的引进试验示范阶段，后 10 年的快速规模增长、质量全面提升阶段，现已进入高质量、品牌化、全产业链发展新阶段，具备了以下发展基础与特点。

生态等综合效益日益显现

酿酒葡萄种植使近 40 万亩荒地得到绿色开发利用，建成近 6 万亩的葡萄园防护林带，在贺兰山东麓形成了 120 多公里长的绿色生态屏障。葡萄园通过深沟浅种的方式减少了贺兰山东麓的水土流失，采用节水灌溉方式，每亩每年用水量 280 立方米左右，每亩葡萄园生产的葡萄酒价值 3 万~5 万元，最高达 10 万元，每立方米水产出的葡萄酒价值 100 元左右，利用效益远高于水稻、玉米等传统作物。葡萄酒产业每年为周边农户提供就业岗位约 13 万个，固定工支出一般每人 3 万~5 万元 / 年，季节性用工支出每人 0.8 万~1.2 万元 / 年，酒庄（企业）年支付工资性收入约 10 亿元，附近农民收入

的生态系统在产出优质葡萄的同时，还起到重要的碳封存和碳汇功能。葡萄酒产业引领了周边农民思想观念、生活方式转变，生态、经济、社会效益显著。

科技人才支撑能力不断增强

一是关键技术研发初见成效。自治区先后启动了酿酒葡萄新品种选育、栽培关键技术研究、酿造工艺关键技术研发、产区风土条件与葡萄酒特异性研究、葡萄酒质量检测指标体系及技术平台构建等科技研发项目，筛选了20多个适合产区栽培的优新品种，集成推广了开沟整地、培肥土壤、浅清沟、斜上架、深施肥、统防统治及高效节水灌溉等一批关键技术，有效降低了葡萄根系冬季冻害的发生率。先后举办了2届国际酿酒师比赛和4届中法葡萄酒设备技术展览会，来自23个国家的60名国际酿酒师参加了比赛，与60家酒庄的酿酒师进行点对点技术交流。产区的酿造工艺、农机装备、加工设备水平明显提升。

二是产区标准不断优化完善。2003年产区获得了国家地理标志产品认证，自治区成立了宁夏葡萄与葡萄酒产业标准化技术委员会，制定发布了《贺兰山东麓葡萄酒技术标准体系》（DB 64/T 1553—2018），组织开展了酿酒葡萄产业地方标准制定（修订）和审定工作。在优质种苗、葡萄栽培、病虫害防治、酿造工艺、葡萄酒贮运、酒庄建设等方面先后发布地方标准41项。

三是平台建设持续提升。设立了宁夏国家葡萄及葡萄酒产业开放发展综合试验区，组建了综试区专家委员会；创建了以葡萄酒产业为主导的自治区级农业高新技术产业示范区，组建了6个自治区级创新平台、2 个农业科技示范展示区和 30 家试验示范酒庄。产区建设了葡萄与葡萄酒产业人才基地；建成了宁夏大学食品与葡萄酒学院，形成了学士、硕士、博士葡萄酒专业人才培养体系；建成了宁夏葡萄酒与防沙治沙职业技术学院，形成了职业技术教育人才培养基地；2011 年成立了宁夏贺兰山东麓葡萄与葡萄酒联合会，银川市、吴忠市及主产县区相继成立了产业协会，有效连接政、酒、商，提高了葡萄酒的商业价值。

品牌影响力明显提升

一是品牌建设初见成效。坚持政府主打产区品牌、企业主打产品品牌，实行产区品牌、产品品牌双驱动的培育策略。先后成功举办 9 届贺兰山东麓国际葡萄酒博览会和首届中国（宁夏）国际葡萄酒文化旅游博览会、7 届宁夏贺兰山东麓葡萄春耕展藤节，产区每年在国内 20 多个一二线城市举办宣传推介会，协会与酒庄每年在国内市场举办品鉴会超百场次，有效提升了产区知名度和产品美誉度。2020 年，"贺兰山东麓酿酒葡萄"入选第四批中国特色农产品优势区，"贺兰山东麓葡萄酒"品牌价值被中国品牌建设促进会评定为 281.44 亿元，并列入《中欧地理标志协定》首批 100 个中国地理标志产品清单。宁夏葡萄酒已出口到 40 多个国家和地区。

二是品牌影响力日益提高。蓬勃发展的贺兰山东麓产区成为葡萄酒界关注的热点地区，吸引了保乐力加、轩尼诗、桃乐丝等国外知名企业来宁夏建酒庄、建基地、搞销售，也吸引了张裕、长城、美的等国内知名企业参与葡萄酒产业发展。2013 年，贺兰山东麓产区被编入《世界葡萄酒地图》，成为世界葡萄酒产区新板块；

2015 年，贺兰山东麓产区被世界葡萄酒大师丽兹·塔驰编入美国大学葡萄酒教材《全球葡萄酒旅游最佳应用》。《纽约时报》将宁夏评为全球必去的 46 个最佳旅游地，理由是在宁夏可以酿造出中国最好的葡萄酒；世界葡萄酒大师杰西斯·罗宾逊认为"毋庸置疑，中国葡萄酒的未来在宁夏"。2012 年，宁夏成为国际葡萄与葡萄酒组织（OIV）省级政府观察员以来连续 6 次组团参加了第 35 届至第 40 届世界葡萄大会，每届大会都做主题报告，向世界介绍中国（宁夏）贺兰山东麓葡萄酒产区。葡萄酒这一国际语言让国内外更多的消费者了解和关注宁夏贺兰山东麓葡萄酒产区，引领中国葡萄酒更好地融入世界。

市场营销能力稳步提升

一是销售渠道稳定顺畅。首先，分销渠道基本建立。长城天赋、张裕摩塞尔、西夏王、西鸽等规模性企业已形成完备的销售网络体系。张裕龙谕、长城天赋、西夏王开元、贺兰红、玉鸽国彩等一批大单品进入市场。其次，精品酒庄销售渠道成形。银色高地、留世、迦南美地、贺兰晴雪、美贺等一些精品酒庄依托桃乐丝、1919、美夏、由西往东等国际销售平台，完善了国内外销售体系。最后，其他销售方式势头良好。其他中小酒庄多采用会员制、客户群、专营店、酒庄游等形式在区内外直接销售，并在京东、天猫等电商平台实现了贺兰山东麓葡萄酒网上销售。宁夏各市、县（区）葡萄酒行业主管部门及协会积极组织酒庄（企业）在国内重点城市举办专场推介会，大力宣传推广宁夏葡萄酒，从而构建起线上线下同步发力的市场销售体系。

二是产品定级初见成效。生产成本、葡萄酒大赛获奖情况、竞品平行比较等是产品定价的主要因素。在产品价格定位上，宁夏葡萄酒大致分为 3 个档次，其中：大众级产品（128 元 / 瓶以下）销量占比 42%，中端级产品（128～300 元 / 瓶）销量占比 39%，高端级产品（300 元 / 瓶以上）销量占比 19%。宁夏葡萄酒价格是同品质进口葡萄酒价格的 40% 左右，性价比高，但品牌有待提升。与 2020 年相比，大众级产品比例有所增加，初步形成了大众级产品市场扩张、高端级产品质量引领、高中低端级产品协同发展的产品价格体系。

在产品特性上，大众级产品以果香优雅、简单易饮见长，性价比高；中高端级产品则为陈酿型葡萄酒，果香浓郁，酒体厚重，糖酸平衡，单宁含量高。

三是产区监管基础良好。开展了种苗检测和葡萄酒产品质量巡查工作。2012 年以来，连续对产区发展用苗木开展病毒检测及专项整治活动，规范苗木繁育企业，从源头杜绝带毒苗木的流入。与自治区知识产权局联合出台了《贺兰山东麓葡萄酒地理标志专用标志使用管理办法》，进一步规范贺兰山东麓葡萄酒企业申请使用地理标志专用标志行为。

产业融合发展，逐步推进

一是酒旅融合之势日趋形成。116 家已建成的酒庄 1/3 以上具备旅游接待功能。目前，12 家酒庄成为 2A 级、3A 级、4A 级旅游景点，产区酒庄年接待游客超过 120 万人次，贺兰山东麓产区荣获"世界十大最具潜力葡萄酒旅游产区""全球葡萄酒旅游目的地"

称号，酒庄旅游成为宁夏全域旅游不可或缺的组成部分。

二是葡萄酒社会化教育稳步开展。在闽宁镇成立了贺兰山东麓葡萄酒教育学院，针对葡萄酒爱好者、从业者，编写了《中国葡萄酒侍酒与服务》初级、中级、高级教材，利用推介会、教育培训、展藤节、葡萄酒博览会等平台开展葡萄酒培训，在东南沿海城市布局建设了一批展示展销中心，拓展了葡萄酒＋教育、金融、艺术、健康等新业态、新模式，提升了葡萄酒产业综合效益。

三是增链补链开始发挥作用。产区有葡萄酒产业配套企业11家，包括种苗生产企业3家，酒标、发酵罐及配件加工企业1家、橡木塞加工企业1家。酒瓶、酒标、酿造设备、橡木桶、橡木塞、设备维护等产业链相关供应商、供应企业在银川均有办事处和代理商，服务体系基本建立。

❧ 存在的问题

可用于发展的土地资源明显不足

2021年宁夏规划用5～10年时间，实现酿酒葡萄种植基地面积达到100万亩、葡萄酒产量达到3亿瓶（每瓶750毫升）的目标，而目前只有52.5万亩、1.3亿瓶，尚需47.5万亩土地资源、1.7亿瓶产能。依据自治区"三调"数据和国土空间规划，可用于发展酿酒葡萄种植的土地资源明显不足，只能从规划区域61万亩草地、9万亩林地里调整，如果在土地利用政策上不突破、不调整，就难以完成规划目标任务。同时，现有的酿酒葡萄种植基地的亩产量不足300公斤，是法国波尔多产区亩产量的1/3左右，加上埋土、出土等机械化程度不高等，造成单瓶葡萄酒生产成本过高。

科研技术人才仍显不足

一是产业基础性研究不够深入。缺少耐寒耐旱的优质酿酒葡萄品种，酿酒葡萄种植农艺农机融合水平低、成本高，缺乏具有自主知识产权的本土微生物制剂，产业废弃物利用率低，产区风土与品种酒种区划研究滞后，尚未形成具有产区特征和独特风格的主栽品种、酒种。

二是产学研用协同创新能力不强。科研院所与酒庄（企业）在科技攻关和成果转化上融合不够紧密，加上部分酒庄对科技与人才重视不够，以产业与企业需求为导向的技术机制尚未完全建立，一些科技成果还停留在论文、专利阶段，没有转化为现实生产力。

三是产业人才支撑力不足。种苗检测、品种鉴别、有害生物监测预警、葡萄酒质量检验检测等平台与人才明显不足。缺乏能站在世界葡萄酒发展前沿、立足中国及宁夏产区实际、引领产业技术创新、具有卓越组织才能的领军人才；缺乏一批大师级与实操型的种植师、酿酒师、侍酒师、营销师以及葡萄酒文化传播推广方面的专业人才。

品牌市场宣传不到位

一是产区品牌知名度较高，但产品品牌知名度一般。近20年间，国外葡萄酒产区及酒庄在中国开展了一系列葡萄酒教育及文化推广活动，使得大量进口葡萄酒涌入中国市场，在国内消费者中形成了"国产葡萄酒品质不如进口葡萄酒"的刻板印象，消费者对国产葡萄酒品牌知之甚少。加上国内酒庄随意更换酒标，酒标设计缺乏创意、使用缺乏延续性，致使国产葡萄酒缺乏辨识度。葡萄酒质量分级制度与产品定价机制不完善，消费者难以选择合适的葡萄酒产品。

二是品牌宣传创新不够，投入不足。产区采用的宣传载体、宣传方式、宣传手段等在适应市场方面存在明显不足。同时，缺乏主体鲜明的广告语，宣传投入也不足，无法掌握舆论话语权。调研发现，75％的酒庄缺乏品牌宣传人员和手段，也没有品牌培育计划与方案。

三是市场营销问题突出，葡萄酒与文化旅游资源融合度低。调研发现，68％的酒庄缺少专业营销队伍，营销渠道单一，经营中存在重生产、轻销售、销售投入不足等问题。各类葡萄酒展览展销活动，受众过于单一，大众消费者参与度低。产区葡萄酒与文化旅游资源融合度低，还未形成"葡萄酒＋吃喝玩游购娱"链条式闭环，葡萄酒观光体验产品和项目单一，葡萄酒旅游重游率低。精准营销方面，信息化、数字化营销存在短板，缺少对消费群体组成结构、口感偏好、消费习惯、酒旅融合等方面进行营销数据分析研究的专业团队，无法精准指导酒庄制定葡萄酒营销策略。

基础设施不完善

一是产区集中连片的葡萄种植格局未形成。沿山110国道以西尚有大片土地还在种玉米，发展区土地碎片化，导致水、电、路、林、气、环保、文旅等基础设施难以配套到位。在用水方面，尚未建立用水指标分配保障机制，用水指标配额不足、供需不匹配，缺乏相关落实措施。沿贺兰山区域地下水井逐步关停，部分区域配套黄河供水工程尚未跟上。酒庄建设了小型污水处理设施，但排水季节性强、排量有限，设施运行成本高，效果不好。有的酒庄供热系统缺位，影响生产、生活及旅游发展。

二是产区内道路、通信及其标识不完善。受建设资金影响，产区内主干道路、酒庄与旅游点连接线、观光旅游线路尚未完全建立，缺少线路标牌标识。产区通信覆盖范围内，由于基站少，信号弱，酒庄日常办公受到一定影响。近70％的酒庄没有规范的网站，消费者很难通过网络了解酒庄及产品，不能很好地宣传推广自身品牌。

相关政策不健全

一是土地及相关政策不完善。企业投资建设基地与酒庄后，有收益得5年以后，回报期最少在15年以上，目前酒庄面临土地承包到期、土地确权涉及部门多且难协调导致审批缓慢等问题，严重影响了酒庄扩大投入与持续发展的信心，影响融资贷款。

二是扶持政策精准引导力、持续力不够。奖励补助政策不完善，持续性不强。酿酒葡萄种植基地是产区建设的基础。一般新建1亩葡萄园，3年后结果，最低投资在1.5万元以上。调研发现，自建葡萄园面积大的酒庄都表示生产资金不足、融资困难，需要加大政策扶持力度；有近20万亩7年以上葡萄园由于有机肥施入不足、保存株数少、架行不合理等，亩产量不足200公斤，需要政策引导改造升级；有近70％的酒庄受疫情影响销量不好；缺乏适应市场需求的新产品开发、优新品种推广、市场营销推介等方面的精准引导政策。

三是中小酒庄融资难、融资贵。酒庄在发展过程中融资需求大，目前融资渠道仅限于担保贷款、引导基金等。作为酒庄主要资产的土地确权和葡萄园葡萄酒价值评估比较难，商业银行贷款抵押手续繁杂，且大多是一年期贷款，缺乏 3~5 年期的金融产品。缺乏与之相配套的金融、信用担保、风险基金等方面的政策保障，不能从根本上解决中小酒庄（企业）融资难、融资贵的问题。

❧ 发展对策与建议

培育领军企业，高起点打造酒庄集群

企业是产区发展的主体，培养和壮大酒庄（企业）是确保宁夏葡萄酒产业健康持续发展的客观要求和保障。自治区与主产市县（区）要积极优化营商环境，通过项目攻坚、专项帮扶、筑巢引凤、金融赋能，加快培育一批竞争力强、带动力强的领军企业。

一是加强有限资源整合。宁夏适合酿酒葡萄种植的土地资源最

多 150 万亩，未来最大产量也就 5 亿~6 亿瓶（每瓶 750 毫升），通过品牌、金融、人才等杠杆支持酒庄（企业）探索建立"强强联合""强弱联合"等多种联合体，整合产区土地、种植、加工、销售、人才、设备、服务等资源和力量，抱团发展，做大企业规模，做响产品品牌。

二是推动大、中、小酒庄集群化发展。坚持酒庄基地一体化发展，引导企业通过拍卖、入股、租赁、托管、流转或订单等形式开展一体化经营，实现产能与基地面积相匹配，构建企业与农户的利益联结机制，通过签订长期用工协议等措施，让农户参与产业发展，增加收入。指导新进入的企业做好市场和产地调研分析，定位好产品和规模，从适度规模与差异化产品起步，逐步发展壮大。支持具备规模性发展条件的企业做大做强，支持具备条件的酒庄（企业）上市发展，积极培育规上酒庄（企业），发挥其对产区的引领作用。支持大、中、小酒庄协同发展，确保结构合理、特色鲜明、集群化布局。

三是培育全产业链新动能。引导酒庄（企业）优化葡萄酒生产链，围绕葡萄酒产业所需机械装备、酵母、酒瓶、酒标、酒塞、橡木桶、包装物等，引进培育相关制造、物流企业，完善供应链，增强配套供应能力。支持企业做足葡萄籽油、皮渣等深加工文章，加快推进葡萄酒产业延链补链强链。创新开发医药、保健、美容、食品、环保等领域的功能性产品，培育关联企业，提升产业附加值。

创新政策设计，夯实高质量发展基础

一是建立综试区部区工作机制。同农业农村部、工业和信息化部等部委沟通对接，加快构建涵盖"1 个省区 +2 个部委牵头 +16 个部委参与"的综试区建设工作框架和运行机制。在综试区部区工作机制框架下，成立综试区建设领导小组，年度召开1~2次综试区部区工作机制会议，梳理建设任务与项目内容，聚焦亟待破冰和扶持的重点环节，争取国家相关部门支持政策，统筹推进综试区建设。

二是强化政策保障。编制综试区实现千亿元综合产值建设方案，争取国家部委在土地利用、基地建设、交流合作、科技研发、品牌建设、融合发展、人才引培等方面给予政策、项目、资金支持，产生集成效应。协调自治区相关部门在财政扶持、土地利用、金融支持、税收优惠、基础设施配套、科技创新、人才激励、机制创新等方面给予支持，形成综合政策支持体系。结合发展实际，修订《宁夏回族自治区贺兰山东麓葡萄酒产区保护条例》；做好土地调规工作；全面开展葡萄园与葡萄酒建设用地确权登记。

三是组建宁夏贺兰山东麓葡萄酒产业投资发展集团有限公司。整合宁夏国际葡萄酒交易博览中心（有限公司）及其子公司，组建宁夏贺兰山东麓葡萄酒产业投资发展集团有限公司。借鉴国内外葡萄园及葡萄酒交易经验，开展葡萄园产权及葡萄酒交易，打造覆盖全产业链的、国内一流的葡萄酒交易平台。结合产业发展特点，创建"产业基金＋融资担保＋保费补贴＋银行贷款"的综合融资模式，引导金融机构开展股权质押、动产质押贷款试点，推广葡萄酒产业用地经营权抵押贷款业务，推出适应葡萄酒产业需求的金融产品，拓宽酒庄（企业）融资渠道。

四是推进贺兰山东麓葡萄酒产区总部经济中心建设。持续将闽宁镇红酒街完善成为集商务办公、企业孵化、国际会议、教育培训、协同创新、金融综合服务、优质葡萄及葡萄酒产品展示、休闲娱乐、生活配套等功能于一体的现代化新型产城综合体，将闽宁镇打造成集葡萄高标准种植及葡萄酒酿造、技术研发、教育、销售、示范等为一体的贺兰山东麓葡萄酒产区总部经济中心。

优化产业生态布局，高标准打造世界知名产区

一是统筹优化区域布局。坚持规划引领，统筹区域布局、品种布局，加快风土区域化研究，推进产区酿酒葡萄结构化、特色化、差异化发展。建设标准化种苗繁育基地，严格育苗企业准入制度，培育壮大种苗定点繁育企业，完善良种苗木母本园、采穗圃、繁育圃三级繁育体系，引进、选育、推广免埋土、抗寒旱、抗盐碱优新品种（品系），研发拥有自主知识产权的本土品种，建成辐射周边、供应全国的优新品种苗木基地。

二是整体连片规模发展。通过引进战略投资者，支持现有酒庄扩大自建自营规模，集中开发利用沙地、荒地，调整种植结构，全域抓点连线、串线带片、聚片扩面。力争到2027年建成100万亩高标准优质酿酒葡萄基地。

三是全面提升源头品质。加大栽培模式创新、新技术应用和提升改造力度，推进酿酒葡萄种植由减产控产导向转向提质增产增效导向。对低质低产低效葡萄园进行全面升级改造，对现有葡萄园实施产量质量效益倍增计划，综合运用财政补贴、评级奖优等政策，加大增施有机肥、架形改造、压蔓补缺株、水肥一体化、农机农艺融合等技术推广应用力度，达到优质葡萄园标准。优化新建基地种植模式和技术规程，全面推行有机绿色种植模式，确保品优质稳效高。

四是实施生态工程项目。葡萄酒产业不与人争粮、不与粮争地、不与其他产业争水，是典型的生态产业、绿色产业。全面推行高效节水、冬季修剪挂枝、10%～15%防风林等措施，始终把突出生态修复功能作为发展葡萄酒产业的第一要素，严格遵循"先建防风林、再配水电路、后建葡萄园"的生态建设原则，重点推进张骞葡萄郡矿坑修复治理、20万亩滩地生态修复治理、青铜峡市鸽子山葡萄酒产区生态修复等项目建设。

五是建立健全专业化社会化服务体系。探索开展葡萄酒社会化服务创新试点示范，建立服务组织名录库，加强服务价格监测，持续提升社会化服务水平。鼓励企业、合作组织等在产区建立社会化服务中心，专业化开展葡萄园植保服务、机械服务、劳务统筹及葡萄园托管等业务。成立自治区葡萄酒产业专家指导组，统一规范，精准高效地为产区提供指导服务。

提升品牌价值，打响贺兰山东麓葡萄酒品牌

一是办好中国（宁夏）国际葡萄酒文化旅游博览会。借举办高端论坛、重大赛事等时机，开展高层高端的葡萄酒产区推介、经销商大会、产品展示、品鉴教育、酒庄体验等活动，加强同世界主要葡萄酒国家及国内葡萄酒产区与销区的交流合作，不断提升博览会影响力。

二是用好国际国内宣传平台。国际宣传方面，建立中国宁夏贺兰山东麓葡萄酒产区官方海外社交媒体账号，设置"紫色梦想""紫色传奇""世界葡萄酒之都"等专栏，利用外宣媒体资源展开宣传。组织开展世界知名媒体"品宁夏"采风活动，扩大宁夏及产区国际影响力。国内宣传方面，在央视黄金时段播出产区宣传广告，与央视、凤凰网等媒体合作制作葡萄酒专题节目进行宣传。组织开展云游贺兰山东麓世界葡萄酒之都系列直播、电商直播、全国网络名人及网红宁夏产区行活动。

三是加大出口力度。充分利用《中欧贸易协定》，进一步加大贺兰山东麓葡萄酒在法国、德国、比利时、英国等国家的推介力度，加强与各国驻华使领馆、商会等机构的沟通协作，推动贺兰山东麓葡萄酒成为指定用酒。制定出口优惠政策，鼓励企业走出去，为有出口需求的企业提供咨询服务。

四是用好管好地理标志品牌。严格"贺兰山东麓葡萄酒"地理标志专用标志申请和使用管理。维护好"贺兰山东麓葡萄酒"品牌声誉，把产区生态优势、品质优势转化为经济优势、品牌优势。

创新开拓市场，多元化促进市场营销

一是增加多元产品供给。研究市场消费习惯及喜好，鼓励酒庄研发具有鲜明地域特点的常规酒种，创新推出符合微醺需求的小众酒种，丰富产品品类，提升产品附加值。

二是优化产品结构。顺应国内外葡萄酒市场变化，调优葡萄酒产品价格结构，增加 100～300 元/瓶的中档葡萄酒占比和适合线上销售的大众化葡萄酒，树立消费者喝得起的优质宁夏葡萄酒形象。

三是创新推进市场营销。支持引进葡萄酒专业营销公司与产区联营，建立多载体、多层次、多渠道营销网络体系。引导规上酒庄在目标市场和重点区域分类建立直销体验中心、直营店和仓储配送中心；支持酒庄与经销商形成产品营销利益共同体，创新进入商场、大型餐饮店、酒店等营销模式，全方位推动宁夏葡萄酒进入大

众市场，使葡萄酒销售量和销售额稳定增长，培育一批销售额过亿元的品牌酒庄。

提升科技创新水平，充分释放高质量发展效益

一是建设国家酿酒葡萄种质资源圃。梳理现有酿酒葡萄优良新品种（品系），并建立种质资源圃，开展现有种质资源评价研究。丰富宁夏乃至中国酿酒葡萄种质资源库。继续完善良种苗木育繁推三级体系，持续培优 2～3 家葡萄苗木繁育企业，推动优质种苗从综试区辐射全国葡萄酒产区，探索建立中国最大最全的酿酒葡萄种苗交易平台。成立葡萄种苗检验检测中心，建设具有开展苗木病毒检测、苗木质量检验、品种鉴定等服务功能的检验检测平台。开展酿酒葡萄品种基因测序工作，逐步建立宁夏产区酿酒葡萄品种（品系）大数据库。

二是创建宁夏贺兰山东麓葡萄酒产业技术协同创新中心。在闽宁镇统筹建设葡萄与葡萄酒研发中心、酿造技术研究中心、检验检测认证中心、国际葡萄酒品牌集群中心、物流配送中心、智慧园区运营中心，打造产业创新、人才集聚、成果转化的高地，提升自主创新能力，为产区内酒庄（企业）提供研发、中试、成果转移转化的开放式公共服务平台。争取 3～5 年后将宁夏贺兰山东麓葡萄酒产业技术协同创新中心建设成为国家级协同创新中心。

三是开展葡萄栽培与葡萄酒酿造关键技术研究。与自治区科技厅建立科技支撑葡萄酒产业高质量发展工作联动机制，开展优质抗寒耐旱品种选育、葡萄园碳汇、葡萄生产机械化智慧化、葡萄酒风格固化、土壤微生物群落、葡萄酒微生物、酿造智能化、葡萄酒微氧处理、风土表征及产地划分等葡萄酒产业关键技术和瓶颈问题的联合攻关。

四是坚持标准引领。完善葡萄酒产区全产业链的技术标准和规范，突出标准引领作用，开展葡萄酒全产业链标准化试点工作，引导酒庄（企业）以标准为依据，规范技术标准、管理标准、工作标准，加快酿酒葡萄和葡萄酒现有生产标准升级。抓好酒庄分级评选和管理，开展标准化优质园创建活动，引导酒庄葡萄园向绿色、有机、标准化转型，支持企业参与绿色食品、有机食品、良好农业规范（GAP）等产品质量认证，促进葡萄酒品质提升。扶持产区具有出口资质的酒庄（企业）开展国际质量认证，对标世界知名产区及品牌，推动宁夏葡萄酒走向国际。加强标准化技术集成应用，全面提升酒庄（企业）管理能力，推进生产技术智能化。

五是强化人才引进培育。坚持沿产业链、创新链布局人才链，推进酒庄项目、平台、人才一体化统筹布局。通过挂职兼职、项目合作、特聘专家等方式，引进培养一批高层次领军人才、青年拔尖人才、托举人才。继续做好宁夏大学、宁夏葡萄酒与防沙治沙职业技术学院等高校葡萄与葡萄酒专业高质量建设，引导教授、博士进产区、进企业。以贺兰山东麓葡萄酒教育学院为基础，引导经销商、消费者进学院，推广中国葡萄酒侍酒师课程，培养具有专业水平和国际视野的本土葡萄酒品鉴人才，加强葡萄酒旅游与营销专业人才的融合培养。

推动酒文旅融合，充分释放产区优势和潜能

一是做好酒文旅融合发展规划。深入挖掘贺兰山东麓葡萄酒文化内涵，编制《宁夏贺兰山东麓葡萄酒文旅融合发展规划》。依托酒庄、葡萄园、旅游景区，将酒庄与酒庄、酒庄与贺兰山沿线景区串点成线，构建葡萄酒文化旅游体系，深度开发 3～5 日的葡萄酒研学游线路。

二是实施精品旅游项目。建议启动"紫色梦想 1 号路"、葡萄旅游"观光小火车"等项目；先开发 30 个左右各具特色的酒庄游项目，完善酒文旅项目内容；在银川市区打造酒吧一条街，完善城市酒窖旅游功能，为游客打造一个集中体验场所。

三是加快建设一批葡萄酒小镇。支持在葡萄园集聚区建设葡萄酒康养小镇，配套精品民宿、温泉理疗、种采体验、自酿品鉴、康体保健等项目。推动贺兰县金山图兰朵葡萄酒小镇、青铜峡市鸽子山葡萄酒文化旅游小镇、农垦玉泉营葡萄酒历史风情小镇等项目建设。

四是搭建生态与文创平台，推进葡萄酒与文化深度融合。倡导绿色低碳生产方式，积极创建"绿水青山就是金山银山"实践创新基地。支持创作以葡萄酒为主题的歌舞、小品、舞台剧等，结合文化旅游推广活动常年向游客演出。联合知名影视制作公司，建设葡萄酒影视基地，输出产区风土与葡萄酒文化。挖掘产区、酒庄、人物等方面的故事，拍摄以葡萄酒产业高质量发展为背景，移民群众、葡萄酒人在乡村振兴、生态治理中发挥重要作用的影视剧。讲好产区故事，创作葡萄酒主题艺术作品，展示宁夏贺兰山东麓葡萄酒产区风土及文化魅力。

2022 年 8 月于银川

对银川市葡萄酒产业高质量发展的
几点建议

　　银川市是宁夏国家葡萄及葡萄酒产业开放发展综合试验区的核心区、中国（宁夏）国际葡萄酒文化旅游博览会的举办地，也是宁夏葡萄酒产业发展的启航区、引领区，在中国葡萄酒产业高质量发展中占有重要的地位。

　　2016 年、2020 年，习近平总书记两次视察宁夏时都对宁夏葡萄酒产业发展做出重要指示并提出殷切期望，自治区党委、政府高度重视葡萄酒产业发展，银川市委、市政府认真贯彻习近平总书记视察宁夏时的重要讲话精神，强力推进葡萄酒产业高质量发展，取得了显著成效。2022 年，银川市酿酒葡萄种植面积达到 26.2 万亩，占宁夏酿酒葡萄种植面积的 47%；建成酒庄 66 家，占宁夏酒庄数量的 56%（宁夏 57 家酒庄被评选为列级酒庄，银川市有 37 家）；葡萄酒产量 5.4 万吨；酒庄接待游客 100 万人次，综合产值达260 亿元。

　　这些成绩是在面对国际葡萄酒快速进入中国市场、国内市场竞争加剧、国产葡萄酒产量近十年连续下降的情况下取得的，来之不易。在调研座谈时，不论是酒庄的投资者、市场从业人员、专业技术人员，还是管理人员，都对中国葡萄酒产业发展、葡萄酒市场前景抱有信心，对推进宁夏葡萄酒产业高质量、可持续发展有五个方面的共性认识。

一是贺兰山东麓产区品牌是葡萄酒高质量发展的基础。各级产区政府、酒庄（企业）要维护产区品牌的形象和荣誉，不断提升产区品牌在国内外市场的影响力。银川市在国内葡萄酒市场形成了影响力很大的"四个率先"银川经验，即率先在国内市场构建了"五个1+2"的产区品牌市场推广模式，成功举办了银川产区经销商大会，形成了线上线下同频共振、展会展厅融合互补、请进来走出去双向发力的市场营销格局；率先设立"519银川产区葡萄酒品牌日"，开通宁夏贺兰山东麓银川产区葡萄酒京东自营专区，开设抖音葡萄酒官方店等；率先编制了产区葡萄酒市场推广教程——贺兰山东麓葡萄酒银川产区教程；率先举办了国内首个产区酒标艺术展——贺兰山东麓葡萄酒年代珍藏酒标艺术展。

二是优质基地是葡萄酒产业品质和市场的核心竞争力。宁夏坚持的酒庄基地一体化运营、种酿一体化技术的酒庄酒发展模式，使每个酒庄都拥有稳定的优质基地，确保了核心竞争力的有效发挥。引进保乐力加、轩尼诗、张裕、长城、美的等一批国内外知名规模企业进入宁夏投基地建酒庄，贺兰晴雪、留世、迦南美地、志辉源石、立兰、银色高地、嘉地等一批市场影响力大的中小酒庄（企业）均在银川产区，并成为宁夏葡萄酒产业领军企业，在国内外市场扩大了中国葡萄酒的影响力，高质量发展成效显著。

三是科技人才是葡萄酒产业高质量发展的动力。贺兰山东麓产区已建有宁夏大学食品与葡萄酒学院、宁夏葡萄酒与防沙治沙职业技术学院、宁夏贺兰山东麓葡萄酒教育学院，还建有中国葡萄酒产业技术研究院等人才培养平台，这些平台均在银川产区，聚才的区位优势明显。2019 年，中国葡萄酒产业技术研究院获得了科技部重点研发项目支持，汇集了国内 9 所大学研究机构超过百名顶级专家进行酿酒葡萄品种选育、现代酿酒葡萄生产、本土微生物、葡萄酒酿造工艺、智慧化管理等全产业链关键技术的攻关。实施了葡萄籽深加工、葡萄酒包装印刷、蒸馏酒等产业链延伸项目，启动实施了葡萄酒产业工程师协同创新中心和人才小高地等创新人才培养项目，有力地推进了酒庄（企业）高质量发展。

四是科学认识风土优劣势是葡萄酒产业高质量发展的关键。贺兰山东麓产区对标世界知名产区，有优势，也有劣势。这些知名产区经过数百年甚至上千年的发展，研究掌握了气候、土壤、品种、酒种及种酿技术等，把自己的劣势转化为优势。贺兰山东麓产区发展不到 40 年，经过引进试验示范、快速规模发展、质量全面提升阶段之后，现已进入高质量、品牌化及融合化发展关键时期，酒庄（企业）要立足产区气候、土壤等自然条件的优劣势，突出优势成价值，转化劣势成特色，做好产区气候、土壤、品种、酒种科学划分，研究集成配套种酿技术，补齐短板与不足，放大优势与特色，使亩产最大化、品质最优化，做到贺兰山东麓产区天、地、人和谐发展。

五是政策及相关标准是葡萄酒高质量发展的保障。银川市委、市政府明确了领导包抓工作机制，编制出台了《银川市葡萄酒产业高质量发展实施意见》《银川市葡萄酒产业"十四五"发展规划》等多项政策，强化部门协调联动，推动解决酒庄（企业）在土地、水源、燃气、交通等基础设施配套方面存在的问题，以及酒庄（企业）贷款难的问题。建设好银川市西夏区现代农业产业园、贺兰山东麓葡萄酒国家地理标志产品保护示范区。推进高起点规模种植，打造标准化种酿新样板，拓展品牌化市场营销，这些举措紧扣"种得好、酿得好、销得好"的目标，聚焦打造"世界葡萄酒之都"，取得了显著成效。

这些共识及成效，是宁夏葡萄酒产业走向世界、打造世界知名葡萄酒产区的认知论与基础，也是银川引领宁夏葡萄酒产业高质量发展的根本所在。

目前，宁夏葡萄酒产业正处于高质量发展关键期，酒庄（企业）要主动应对国内精品葡萄酒市场快速增长的消费新趋势，抢抓国产葡萄酒消费人数占半壁江山、宁夏精品葡萄酒引领高端市场增长的机遇。银川市要主动适应国内外葡萄酒产业发展趋势，聚焦提高供给体系质量，从全产业链着手，从一体化发力，优化资源配置，聚合多方要素，以创新为动力，以融合为突破，以品牌为引领，集中解决好以下三个突出问题。

一是葡萄园单位面积产能有待增加。银川市现有酿酒葡萄基地26.2万亩，葡萄酒产量5.4万吨，平均亩产葡萄酒206升，不到275瓶（每瓶750毫升），在66家酒庄（企业）之中已经有10多家酒庄（企业）亩产达400瓶以上，有的甚至亩产达500瓶以上，实践证明品质也优良。银川市要在提升亩产量与质量上同时发力，现有酿酒葡萄基地提产降本增效空间很大。

二是土地资源整合利用有待优化。贺兰山东麓葡萄酒核心发展区是西干渠以西、海拔1200米以下的区域，银川市西夏区、贺兰县、永宁县存在约19万亩可用于发展的土地，这些土地目前种植玉米或闲置，部分土地由于水利、权属等有待开发。部分企业已建成了酒庄与葡萄园，土地权属还没有确认，影响了继续投资的决心；部分企业占有土地，但开发能力不足，基地与酒庄建设进展缓慢，导致核心发展区产业聚集度不高。

三是创新技术人才有待提升。世界知名的葡萄酒产区都有葡萄酒产业技术研究院支撑产区的研究、推广、人才培养等。贺兰山东麓南北长200多公里，海拔1100~1450米，气候多变，土壤类型复杂，产区优势主导品种选育、风土与品种酒种区划、农艺农机融合等研究推广相对滞后，需要长期坚持研究并集成推广；宁夏产区现有5个酒庄集群，其中3个分布在银川市，在产学研用协同创新和成果转化上融合度不够突出；银川市有葡萄酒产业发展服务中心，在宁夏葡萄酒产业发展中占有重要地位的西夏区、贺兰县、永宁县3个酒庄集群县区，尚未设立专门服务机构，只有1~2名工作人员；缺乏一批在产区或企业指导高质量发展的实操型种植师、酿酒师、企业管理与营销人员。

宁夏葡萄酒产业要引领中国葡萄酒高质量发展，这是习近平总书记赋予宁夏的使命。银川市要发挥好宁夏葡萄酒产业高质量发展核心区引领支撑的作用，需要对标世界知名产区、知名品牌，立足中国葡萄酒市场、宁夏银川葡萄酒产业的实际，把握葡萄酒国内外高质量发展的新趋势，构建先行先试的高质量发展新机制新政策。建议银川市加大葡萄酒产业财政专项资金支持力度，实行财政预算逐年递增计划，确保葡萄酒产业高质量发展"五项行动计划"的实施，引领宁夏葡萄酒产业高质量发展，打造"世界葡萄酒之都"。

❦ 实施葡萄园挖潜倍增行动计划

贺兰山东麓建设葡萄园亩投资一般在 1.5 万~3 万元，亩栽酿酒葡萄 190~444 株，待 3 年后才能有一定产量，生长季亩灌溉需水量 200~280 立方米，之后每年每亩尚需 2000~3000 元生产管理费用。作为优质原料基地投资者，一般需要 10~15 年才能收回投资成本，周期长、见效慢。调研时发现，造成现有葡萄园低质低效主要有葡萄园保存株数少、架形整形管理不合理、土壤肥力培育投入不足、栽培管理精准性不够、企业对葡萄园投入管理不重视五个方面原因。针对这五个方面原因，银川市西夏区、贺兰县、永宁县坚持种酿一体化技术模式，选择培育一批示范酒庄（企业），引领银川市所有酒庄（企业）按分地块、分品种、分树龄、分品质的要求，制订挖潜倍增行动计划及精准有效的提升措施，使银川市亩产葡萄酒从现在的 275 瓶向 400 瓶以上、500 瓶以上目标迈进。

❦ 实施葡萄酒品牌市场培育行动计划

充分利用中国（宁夏）国际葡萄酒文化旅游博览会，加强同世界葡萄酒国家及国内葡萄酒产区及销区的交流合作，开展高层高端的葡萄酒产区推介、经销商大会、产品展示、重大赛事、教育推广、酒庄体验等活动，推动葡萄酒企业走向国内外市场。充分利用《中欧自由贸易协定》，加大贺兰山东麓葡萄酒在欧盟及东南亚等国家的推介力度，发挥银川核心区的引领作用，制定优惠政策支持有条件的酒庄走向国际市场。建设好银川市西夏区现代农业产业园与贺兰山东麓葡萄酒国家地理标志产品保护示范区，严格酒庄（企业）地理标志专用标志使用申请与管理，坚持酒庄基地一体化的酒庄酒发展模式，维护好中高端葡萄酒产区与品牌声誉。始终坚持政府主打葡萄酒产区品牌、企业主打葡萄酒产品品牌，利用传统与现代宣传媒体相结合的方式，扩大宁夏及银川产区在国际、国内市场的影响力，让国内外市场及消费者知道宁夏及银川产区的区位、葡萄酒的特点、能生产世界一流品质的葡萄酒，打响贺兰山东麓葡萄酒产区形象、风土形象、品质形象与品牌形象。

❦ 实施土地资源整合优化行动计划

坚持规划引领，统筹发展区域品种酒种布局，推进产区风土区域化、酒庄基地产区化，葡萄酒特色化、差异化发展。宁夏规划适合酿酒葡萄种植的土地资源最大规模为 150 万亩，未来宁夏葡萄酒产量最多 5 亿~6 亿瓶（每瓶 750 毫升）。银川市分布在规划区内

适合种植酿酒葡萄的土地不到 55 万亩，目前已建成 26.2 万亩葡萄园，尚有近 29 万亩适合种植酿酒葡萄，但有的种玉米等农作物，有的属林地草地，不具备开发条件。这些土地资源位于国家地理标志产品保护示范区内的黄金地带，具有葡萄酒高质量发展区域的风土优势。目前发展区域土地存量不到 10 万亩，如果银川市及三个县区不在土地利用政策上求突破，不对土地资源进行整合优化，就难以完成规划目标任务。应通过品牌、金融、人才等杠杆作用加大招商引资力度，支持现有酒庄（企业）探索建立"强强联合""强弱联合"等多种市场联合体，整合优化银川产区内土地、种植、加工、销售、人才、设备、服务等资源和力量，使种植玉米的转为种植酿酒葡萄，使荒地资源配套好水、电、林、路等基础设施，集中抓点连线、串线带片、聚片扩面，做大酿酒葡萄基地和一批酒庄（企业），做响贺兰山东麓核心区与一批精品酒庄产品品牌。

❧ 实施创新技术人才赋能行动计划

坚持全产业链标准化引领，完善葡萄酒产区的技术标准和规范，引导酒庄（企业）以标准为依据，规范苗木繁育、种植、酿造、管理等工作标准，推进葡萄酒产业链标准升级。开展酿酒葡萄优良品种（品系）选育、葡萄园低碳生产、机械化智慧化提升、葡萄酒风格、土壤微生物、葡萄酒微生物、产区划分及风土表达等关键技术和瓶颈问题的攻关研究与示范推广。优化升级中国葡萄酒产业技术研究院，理顺投资融资、建设运营的机制体制，争取纳入国家综试区建设。建设国家酿酒葡萄种质资源圃，构建良种苗木育繁推三级体系，推动优质种苗从银川辐射全国葡萄酒产区。在闽宁镇创建宁夏贺兰山东麓葡萄酒产业技术协同创新中心，以产业链关键产品、创新链关键技术为核心，推动建立生态高值导向的产业高质量发展工作机制，打造宁夏乃至中国葡萄酒产业创新、人才集聚、成果转化的全方位服务高地，提升中国葡萄酒自主创新能力。

实施全产业链融合升级行动计划

银川市具备葡萄酒文旅融合的产区优势和潜能，可依托贺兰山东麓自然历史、文化旅游资源及酒庄与葡萄园，将酒庄之间、酒庄与沿线景区"串点成线"，打造葡萄酒文化旅游目的地。建议先规划开发 20 个左右各具特色的葡萄园酒庄游项目，开发 3~5 日的葡萄酒研学游线路；在市区谋划建设酒吧一条街、葡萄酒城，完善城市酒窖旅游功能；推动贺兰县金山、西夏区镇北堡、永宁县玉泉营、闽宁镇等酒庄集群以及葡萄酒特色小镇等项目建设，搭建葡萄酒与生态、文化、旅游融合的平台。倡导葡萄酒绿色低碳生产方式，挖掘产区、酒庄、人物等方面的故事，创作一批生态移民、投资者在乡村振兴、生态治理、高质量发展中发挥重要作用的文艺作品与影视剧。引进籽油、酒瓶、酒标、酒塞、酿造设备、橡木桶、设备维护等产业链生产商、供应商在银川设立生产加工厂、办事处和代理商。

通过以上行动计划，全力打造"世界葡萄酒之都"，让宁夏贺兰山东麓葡萄酒香飘世界，让"当惊世界殊"目标在银川率先实现。

2022 年 11 月于银川

中国葡萄酒产业

❦ 发展期望

"随着人民生活水平不断提高，葡萄酒产业大有前景。宁夏要把发展葡萄酒产业同加强黄河滩区治理、加强生态恢复结合起来，提高技术水平，增加文化内涵，加强宣传推介，打造自己的知名品牌，提高附加值和综合效益。"

"宁夏葡萄酒的品质不亚于欧洲国家中高档葡萄酒的品质，甚至要优于它。""宁夏葡萄酒产业是中国葡萄酒产业发展的一个缩影，假以时日，十年、二十年，中国葡萄酒'当惊世界殊'。"

习近平总书记于 2020 年 6 月就宁夏葡萄酒产业发展发表了一系列重要论述，为葡萄酒产业高质量发展指明了方向。

❦ 世界情况

2022 年 4 月，国际葡萄与葡萄酒组织（OIV）发布了 2021 年全球葡萄酒行业数据。

2021 年，全球葡萄园面积 730 万公顷。一方面，意大利、法国等一些欧盟国家以及中国、伊朗等国家的葡萄种植面积出现增加趋势。另一方面，南半球主要葡萄种植国家（澳大利亚和新西兰除外）

以及美国、土耳其、摩尔多瓦的葡萄种植面积显著减少。西班牙以96.4万公顷的葡萄种植面积，位列全球第一位，较2020年增长了0.4%。法国79.8万公顷，较2020年增长了0.2%，位列全球第二位。中国78.3万公顷，位列全球第三位。意大利71.8万公顷（第四位），与2020年保持一致。土耳其41.9万公顷（第五位）、美国40万公顷、阿根廷21.1万公顷、智利21万公顷、巴西8.1万公顷、葡萄牙19.4万公顷、罗马尼亚18.9万公顷、摩尔多瓦14万公顷、俄罗斯9.6万公顷、澳大利亚14.6万公顷、南非12.2万公顷。

2021年，全球葡萄酒产量260亿升，较2020年下降了近1%，连续3年略低于10年的平均水平。欧盟的葡萄酒产量153.7亿升，较2020年下降了8%（主要受霜冻影响）。意大利50.2亿升（+2%）、法国37.6亿升（-19%）、西班牙35.3亿升（-14%），这三国的产量占全球葡萄酒产量的47%。德国8亿升（-5%）、匈牙利2.6亿升（-12%）、葡萄牙7.3亿升（+14%）、罗马尼亚4.5亿升（+16%）、俄罗斯4.5亿升（+2%）、格鲁吉亚2.1亿升（+17%）、摩尔多瓦1.1亿升（+20%）。中国5.9亿升（-10%），受需求减少、气候、技术限制及低产出等多方面因素影响。

2021年，全球葡萄酒消费量236亿升，较2020年增长了0.7%。欧盟的葡萄酒消费量114亿升，占全球葡萄酒消费量的48%，较2020年增长了3%。其中，法国25.2亿升、意大利24.2亿升、西班牙10.5亿升、罗马尼亚4亿升、荷兰3.8亿升、英国13.4亿升、俄罗斯10.5亿升（+2%）。欧盟以外，日本3.3亿升（-5.4%）、阿根廷8.4亿升（-11%）、巴西4.1亿升（+1.2%）、南非4亿升（+27%）、澳大利亚5.9亿升（+0.3%）。美国仍然是全球最

大葡萄酒消费国。中国葡萄酒消费量为 10.5 亿升，较 2020 年下降 15%，在 2017 年的消费高峰期后，显著下滑。

2021 年，全球葡萄酒出口量 111.6 亿升，较 2020 年增长了 4.4%，创有史以来最高纪录。西班牙是最大的出口国，出口量 23 亿升，占全球市场的 21%。意大利、南非、法国等大多数国家的出口量都出现增长，只有澳大利亚、阿根廷、美国的出口量较 2020 年有所下降。全球葡萄酒出口值 344 亿欧元，较 2020 年增长了 15.5%。法国确认为全球葡萄酒第一大出口国，出口值 111 亿欧元。几乎所有主要出口国的出口值都出现显著增长，只有澳大利亚减少了 4.35 亿欧元。出口值增幅较大的国家有法国（增加 23 亿欧元）、意大利（增加 7.86 亿欧元）、西班牙（增加 2.49 亿欧元）。瓶装葡萄酒（< 2 升）占全球葡萄酒总贸易量的 53%，贸易量和贸易值比 2020 年分别增长了 6% 和 13%。散装葡萄酒（≥ 10 升）出口量增长 5%，出口值下降 5%。尽管散装葡萄酒占全球葡萄酒出口量的 33%，但出口值仅占 7%。

2021 年，德国、美国、英国是全球三大葡萄酒进口国，进口量 42 亿升，占总进口量的 38%。进口值 131 亿欧元，占总进口值的 38%。

德国是最大葡萄酒进口国，进口量 14.5 亿升，进口值 28 亿欧元（+6%），散装葡萄酒占德国进口量的 56%。美国列第二位，进口量 13.9 亿升（+13%），瓶装葡萄酒占美国进口量、进口值的 53%、68%，分别增长了 5%、15%。英国列第三位，进口量 13.6 亿升（-6.7%），进口值 41 亿欧元（+7%）。法国进口量 5.9 亿升，较 2020 年下降了 6%，然而进口值增加了 7%，散装葡萄酒占法国进口量的 75％。中国进口量 4.2 亿升，较 2020 年下降了 1.4％；进口值 14 亿欧元，较 2020 年下降了 10.5％；瓶装葡萄酒占中国进口量的 68％，占进口值的 86％。此外，荷兰 5 亿升、俄罗斯 3.7 亿升、加拿大 4.2 亿升、葡萄牙 2.8 亿升、日本 2.4 亿升。

❉ 中国情况

中国葡萄酒市场价值屡次获得国内外、业内外资本的认可。从 OIV 发布的 2021 年全球葡萄酒行业数据可以看出，中国是全球第二

大经济体、第一大人口大国，也是世界主要葡萄酒生产与消费国，有4亿中产阶级潜在消费市场，但对标世界主要葡萄酒国家还有差距。目前，国内葡萄酒市场正处于产业周期波动与经营震荡的特殊发展阶段。国内市场萎缩、竞争加剧，主要比拼品牌、渠道资源和成本控制能力，实际就是葡萄酒供应链系统构建的能力。陈坚院士强调，今后我国葡萄酒行业必将去向依托自有种植基地和专有原料品种、突出产品风格特色的产区发展模式。

从需求端看，中国消费者既有消费能力，也有消费意愿。从供给端看，国内市场上不缺葡萄酒，国产葡萄酒真正问题出在中间供应链环节。很多自认为销得不错的葡萄酒是渠道作用的结果，不是品牌打造得好。中国葡萄酒要在企业文化、市场教育、文化营销、产区与企业特有品质等方面深入挖掘资源，要让消费者知道国产葡萄酒是优质的、性价比是高的。只有这样，国产葡萄酒才有希望掌握话语权。同时，市场上消费结构和消费理念的升级也要求行业与企业调整葡萄酒产品风格，做出与时俱进的主动回应。

唐文龙等行业内专家把中国葡萄酒消费升级分为四个阶段：第一轮葡萄酒消费升级（1978—1989）以甜型葡萄酒和半汁葡萄酒为主；第二轮葡萄酒消费升级（1990—1999）以全汁葡萄酒和干型葡萄酒为主，出现过白兰地热、干型葡萄酒热；第三轮葡萄酒消费升级（2000—2010）以全汁葡萄酒和酒庄酒为主，出现过酒庄酒热，跨国投资和收购较频繁；第四轮葡萄酒消费升级（2011年至今）以国产葡萄酒和进口葡萄酒共同竞技为主要特征，国内外资本进一步深耕市场。现阶段中国葡萄酒呈现消费层次由小康型转向富裕型、消费形态由物质型转向服务型、消费品质由中低端转向中高端、消费行为由模仿型转向个性化和多样化、消费方式由线下转向线上线下融合等特征。

从国产葡萄酒高质量发展来讲，产区培育、人才培养、标准体系、技术创新、领军企业、品牌打造、文化建设、市场传播、政策研究、持续发展等成为现阶段主要任务。宁夏产区要立足中国消费市场，放眼世界消费市场，自主研究与追赶世界主要葡萄酒国家，这一任务还很重，需要一批全产业链专业人才及企业家投入中国葡萄酒事业中，将其作为自己的事业去奋斗、去奉献。

❦ 宁夏情况

宁夏葡萄酒坚持酒庄基地一体化的酒庄酒发展模式，这是宁夏产区对国产葡萄酒发展模式的创新。面对近十年国产葡萄酒产量下降的态势，要应对好当前国内葡萄酒市场的三个巨变：一是产业巨变。葡萄酒必须走向大众化。大众化葡萄酒也要实现生产的标准化、品质的稳定性以及产品的低成本，大众与高端应双轮驱动。二是消费巨变。用国内市场释放出的葡萄酒消费需求，倒逼葡萄酒企业满足市场消费需求，用消费者思维来调整优化产业结构与企业产品结构，同时激发新需求和引领新消费。现在的葡萄酒价值要由企业和消费者共同去创造。三是管理巨变。葡萄酒全链条已从垂直化管理向共生型管理转变，在这个过程中，各环节的组织应具有充分的独立性和自主性，要构建起各环节组织之间信息和资源共享的市场运营机制。

应对好进口葡萄酒通过媒体控制、文化渗透、价值观宣扬、葡萄酒课程教育等方法对国内葡萄酒市场话语权的争夺。此外，一些国家的"骑士勋章"荣誉、世界级葡萄酒大赛、葡萄酒大师评选等，都指向国外葡萄酒产品质量更好，这种宣传不断影响着国内消费者对国产葡萄酒的认知。我们所做的一切工作，就是要让世界和国内消费者知道，中国及宁夏具备生产世界级优质葡萄酒的气候、土壤、品种、技术与管理等条件，宁夏产区是世界级优质产区，葡萄酒品质也是世界一流的。

我们还要不断从种植和酿造角度、市场消费角度、技术和管理角度、企业文化和品牌角度推进宁夏葡萄酒产区高质量发展与产业创新升级。市场是强者定规矩，弱者谈包容。我们要通过建设宁夏国家葡萄及葡萄酒产业开放发展综合试验区，全链条、全方位探索葡萄酒产业品牌化、标准化、融合化高质量发展，实现中国葡萄酒新突破。

2022 年 5 月于宁夏大学食品与葡萄酒学院

教授应该到社会生产实践中去

习近平总书记于 2020 年 6 月视察宁夏时指出："随着人民生活水平不断提高，葡萄酒产业大有前景。宁夏要把发展葡萄酒产业同加强黄河滩区治理、加强生态恢复结合起来，提高技术水平，增加文化内涵，加强宣传推介，打造自己的知名品牌，提高附加值和综合效益。"这里要指出六个关键词，即生态、技术、文化、宣传、品牌和效益，总书记为高质量发展葡萄酒产业提供了路径与遵循。

宁夏大学食品与葡萄酒学院要坚持"四个面向"（面向世界科技前沿、面向经济主战场、面向国家重大需求、面向人民生命健康），全方位引进、培养、用好人才与抓好科研工作。宁夏现代农业特色产业能走向世界的，我认为只有葡萄酒与枸杞。应开创食品及葡萄酒、枸杞产业工作新局面，加强创新人才培养，通过实施产教融合、校企合作，以创新为内核、以育人为导向，加强创新创业教育，培养各种创新型、复合型人才。中国的葡萄酒产业更应该坚持"四个面向"的科技创新与人才培养方向。

教授为了全面提升专业理论水平、指导实践能力等，一定要走出院校到企业，在实践中发现问题，选择课题。食品产业科技成为中国现代农业未来发展的新风向标，如细胞工厂、分子食品、传统食品智能制造、食品绿色低碳生产、发酵食品定向酿造、食品危害

物评估、新兴食品包装物流、食品装备数字化制造等领域，需要食品与葡萄酒学院树立大食物观去研究。还要以健康为导向、科技为依据、法规为保障，立足现阶段食品及葡萄酒、枸杞产业高质量发展的瓶颈问题，研究创新，推进产业发展，让中国食品更营养，结构更合理，产业更持续。这也是宁夏食品及葡萄酒、枸杞产业努力的方向与重点领域。我有三个方面建议供参考。

一是专业理论提升方面。教授特别是年轻的博士生导师，要在实践中实现从理论到实践、从书本到生产、从问题到研究、从市场到创新的转型，试验集成、研究总结，全面提高自己的专业理论知识与发现问题的能力。

二是食品及葡萄酒、枸杞产业高质量发展方面。教授特别是年轻的博士生导师，要在生产中实现从消费到产品、从酿造加工到品种种植、从品牌到文化、从高值到引领的转型，抓示范点、示范企业，全面提高自己在食品及葡萄酒、枸杞产业领域创新研究与培养领军人才团队的能力。

三是学院人才高质量培养方面。教授及年轻的博士生导师要实现从学校到企业、从宁夏到中国、从国内到世界、从葡萄酒枸杞到全链条的转型，了解国内外发展态势，全面提高高质量人才培养与学科建设的能力。

2022 年 4 月于宁夏大学食品与葡萄酒学院

在北京大学光华管理学院 MBA 班上
讲葡萄酒产业

今天很高兴来到北京大学光华管理学院，同 MBA 班的学员讨论中国（宁夏）葡萄酒产业的高质量品牌化发展。感谢彭泗清教授、徐菁教授关注宁夏葡萄酒产业，很荣幸同彭教授、徐教授共同探讨中国葡萄酒产业的高质量品牌化发展。

首先，祝贺嘉地酒园被选入北京大学光华管理学院商业案例库，并且入选美国哈佛大学商学院品牌案例库！感谢徐菁、张闫龙、王路三位教授的辛勤调研及对宁夏葡萄酒产业酒庄酒发展模式的肯定、厚爱和关心。这不仅是嘉地酒园的光荣，也是宁夏贺兰山东麓葡萄酒产区的光荣。

其次，借此次机会简单介绍一下宁夏葡萄酒产业。宁夏葡萄酒产业起步于 20 世纪 80 年代初，经历了引进试验示范、快速规模增长、质量全面提升三个阶段，宁夏创建了中国式酒庄酒的发展模式。经国务院同意，农业农村部、工业和信息化部与宁夏人民政府共同建设宁夏国家葡萄及葡萄酒产业开放发展综合试验区，农业农村部、工业和信息化部、文化和旅游部、中国人民对外友好协会与宁夏人民政府举办的中国（宁夏）国际葡萄酒文化旅游博览会落地宁夏，两个国家平台落户宁夏使宁夏葡萄酒产业上升为国家战略，才有了今天宁夏在中国葡萄酒界的领军地位与世界影响力。目前，

宁夏葡萄酒产业已进入高质量与品牌化叠加的发展阶段,需要政府、企业、协会等各方面共同发力,才能实现预期目标。

一是提升产区力。酿酒葡萄基地始终是一个产区的核心竞争力,无原料基地的产区不能称为葡萄酒产区,无稳定原料基地的企业生产的葡萄酒不能称为酒庄酒。要充分发挥葡萄酒产区历史文化、风土品种等优势,高标准打造优质原料基地,构建完善基地产区化、酒庄产地化的制度与标准。

二是提升企业力。酒庄(企业)始终是葡萄酒产业高质量发展的主体。要做强产区龙头企业,打造一批精品酒庄集群,提升酒庄(企业)创新能力,构建酒庄产区化布局体系,建立全产业链、大中小酒庄(企业)协同发力的机制。

三是提升品牌力。优质葡萄酒有产区、企业和产品三个方面的品牌内容。坚持政府主打产区品牌、企业主打产品品牌,坚持中高端、国际化市场定位,坚持产区品牌、产品品牌双驱动,并注入产区历史、风土、文化对中国及宁夏葡萄酒品质与品牌"耕心铸魂"。

四是提升融合力。葡萄酒产业是典型的"六次产业",要推动全产业链、全领域融合发展。葡萄酒是融合发展的主线,要以中

国风格抢夺葡萄酒话语权，创新葡萄酒融合发展方式，实现综合产值与效益的全面提升。

最后，要发挥好宁夏贺兰山东麓得天独厚的区位和风土优势。综观世界一些知名产区，都在气候、土壤、品种等方面存在这样那样的不足，世界上没有一个气候、土壤、品种都完美的产区；每个产区的气候和土壤都是独一无二的，没有一个完全相同的产区；另外，在筛选适合当地栽植的品种时，也没有一个品种的生产特性完美地与当地气候、土壤相适应，出现的这些不适应或不足，只有通过不断探索配套栽培技术和酿造工艺去补充完善。这就是大家都知道的"好葡萄酒，七分在原料，三分在工艺""好葡萄酒是种出来的"理念。

宁夏贺兰山东麓葡萄酒产区要走向世界，成为世界一流的葡萄酒产区，必须始终坚持酒庄基地一体化的发展模式，种出全国最好的酿酒葡萄；始终坚持种酿一体化技术，酿出世界上最好的酒庄酒。这是在国产葡萄酒产量连续十年下降的趋势下，宁夏葡萄酒能逆行及高质量发展必须坚守的底线。这也是立足宁夏国家葡萄及葡萄酒产业开放发展综合试验区组建宁夏贺兰山东麓葡萄酒产业技术协同创新中心和争取中国品牌建设促进会将国际葡萄酒品牌中心放到宁夏，从技术上与品牌上掌握话语权的原因。中国葡萄酒从业者要有胸怀天下的视野和格局，立足中国葡萄酒产业自信、品牌自信、文化自信，推动中国葡萄酒品牌走向世界，实现总书记提出的"当惊世界殊"目标。

2023 年 4 月于北京大学光华管理学院

中国葡萄酒从宁夏走向世界

中国葡萄酒文化源远流长，葡萄酒历史文化底蕴深厚。中国最早的诗歌总集《诗经》中就有宁夏、甘肃一带种植葡萄的记载。西汉时期，张骞出使西域引进葡萄品种和葡萄酒酿造技术，宁夏成为中国最早种植葡萄并酿造葡萄酒的地区之一，葡萄美酒久负盛名。元代诗人马祖常在《灵州》一诗中写道"蒲萄怜酒美，苜蓿趁田居"，生动再现了宁夏种葡萄、酿美酒的繁荣景象。

经过近 40 年的砥砺深耕、执着坚守，历经引进试验示范、快速规模增长、质量全面提升三个阶段，宁夏葡萄酒产业目前已进入高质量与品牌化叠加的发展阶段。得益于贺兰山的庇护、黄河水的滋养，贺兰山东麓已成为中国乃至世界优质酿酒葡萄种植和中高端酒庄酒的聚集区，葡萄酒已成为造福百姓、带动经济、涵养生态的明星产业。宁夏有近 60 万亩中国最大的集中连片的酿酒葡萄基地，有近 40 万亩荒地变成葡萄园，有 228 家酒庄（企业）参与葡萄酒产业，有 13 万农村人口从事葡萄酒产业，年产优质葡萄酒 1.3 亿瓶以上。习近平总书记 2016 年、2020 年两次视察宁夏，都对中国及宁夏葡萄酒产业发展寄予厚望，指出贺兰山东麓葡萄酒品质优良，提出中国葡萄酒"当惊世界殊"的美好愿景。宁夏有 60 多家酒庄获得 1100 多项世界葡萄酒大赛大奖，宁夏葡萄酒多次成为我国外宾招待用酒，并作为国礼相赠，走出国门，走向世界，承载着中国葡萄酒融入世界的使命担当。宁夏产区与中国其他产区一道，秉持绿色生态、开放合作、互利共赢的理念，共同推动中国葡萄酒产业驶入高质量发展的"快车道"，开启走向世界的"新征程"。宁夏贺兰山东麓产区坚持智能化、绿色化、融合化、品牌化发展，构建战略性、引领性、开放性格局，走生态保护与高质量发展协调统一之路，被国内外逐步认可，得益于以下几个方面。

❦ 得益于发挥风土资源的独特优势

葡萄酒产区始于风土、成于风土、兴于风土，风土是一个产区的灵魂。巍巍贺兰山、九曲黄河水，1100米左右的海拔、38°的纬度、200毫米左右的年降水量、矿物质丰富的砂石土壤、3000小时的日照时数、3300℃左右的有效积温、筛选出的30余个适合种植的优良品种、立足本土研究集成的种酿技术，共同构成了贺兰山东麓独有的风土条件，形成了宁夏葡萄酒"色泽鲜明、甘润平衡、

香气馥郁、酒体饱满"的东方风格，诠释了葡萄酒"中国风土、世界品质"的风土密码。

❧ 得益于秉持对标国际的全球视野

宁夏始终立足资源禀赋发展优势产业，对标国际提升质量与效益。随着世界格局、供求结构、人文环境的演进变化，葡萄酒高品质、多样化、品牌化是大势所趋。葡萄酒产业作为多产业融合、多业态叠加的复合产业，作为贯通全产业链的"六次产业"，全球化特征更加明显。宁夏于 2012 年成为中国首个国际葡萄与葡萄酒组织（OIV）省级政府观察员，致力于加强同世界各葡萄酒产区的交流合作。引进英国、法国、美国、澳大利亚等 23 个国家的 60 名酿酒师来宁交流，他们成为文化的推广者、技术的传播者，极大地提升了葡萄酒种酿理念和技术。2021 年，建设了宁夏国家葡萄及葡萄酒产业开放发展综合试验区，举办了首届中国（宁夏）国际葡萄酒文化旅游博览会，全面开启了中国葡萄酒产业对外开放的新征程。

❧ 得益于坚守品质品牌的战略引领

宁夏产区始终坚持酒庄基地一体化发展、种酿一体化技术、酒庄酒的模式，以品质定义品牌，以品牌引领高质量发展。世界知名葡萄酒产区都有标志性的酿酒葡萄品种，比如赤霞珠成就了法国波尔多产区、西拉成就了澳大利亚南澳州产区、长相思成就了新西兰马尔堡产区。宁夏加大优势特色酿酒葡萄品种选育力度，将风土区划、适宜品种、技术标准、制度政策等整合起来，具备了酿造"中国特色、中国品牌、中国风味"高品质葡萄酒的条件。宁夏要更好地解读历史文化密码、提升品质内涵、实施品牌战略、讲好风土品牌故事，赋予葡萄酒更具持久力和生命力的品牌价值，为葡萄酒品牌提升厚植动能。

得益于坚持产业融合的发展模式

宁夏发挥贺兰山东麓处于银川市近郊的优势，提升产业能级，拓展葡萄酒＋文旅、艺术、教育、游客康养、体育等新业态新模式，打造全球葡萄酒旅游目的地，游客突破 130 万人次。"塞上江南"独特的风土资源、人文历史，孕育了宁夏葡萄酒文化，要保护好、传承好、挖掘好、利用好这些资源，擦亮"紫色名片"。

推动实现中国葡萄酒"当惊世界殊"，既是时代赋予的重任，也是光荣的使命。宁夏将乘着黄河流域生态保护和高质量发展先行区建设的东风，以宁夏国家葡萄及葡萄酒产业开放发展综合试验区和中国（宁夏）国际葡萄酒文化旅游博览会两大国家平台为支撑，把葡萄酒产业作为宁夏经济发展的"新引擎"、扩大对外开放的"桥头堡"、促进乡村振兴的"着力

点"，引领中国葡萄酒走向世界，共同开创中国葡萄酒产业高质量发展新局面。在此对推进中国葡萄酒高质量发展提出三点建议。

一是提升中国葡萄酒产区力。酿酒葡萄基地始终是一个产区的核心竞争力，无原料基地的产区不能称为葡萄酒产区，无稳定原料基地的企业生产的葡萄酒不能称为酒庄酒。要优化中国葡萄酒产区布局，推进葡萄酒产业向优势区集中，充分发挥各产区历史文化、风土品种等优势，高标准打造优质原料基地，增强可持续发展能力，构建完善基地产区化、酒庄产地化的制度与标准。

二是提升中国葡萄酒企业力。酒庄（企业）始终是葡萄酒产业高质量发展、走向国内外市场的主体。要培育全产业链龙头企业，打造一批有世界影响力的领军企业与高品质酒庄集群，提升酒庄（企业）的创新、引领能力，构建酒庄（企业）产区化的国内外市场布局体系，增强竞争力，建立全产业链协同发力的运行机制。

三是提升中国葡萄酒品牌力。优质葡萄酒产区有产区、企业和产品三个方面的品牌内容，产区品牌是中高端葡萄酒市场竞争的基础。坚持政府主打产区品牌，构建品牌力培育制度及标准体系；企业主打产品品牌，构建中高端、国内外市场产品价格体系提升附加值。实施产区品牌、产品品牌培育计划并促进产区与企业协同发力，培育几个世界级优质葡萄酒产区与葡萄酒品牌，注入产区历史、风土、文化，对中国葡萄酒品质与品牌"耕心铸魂"。

2023 年 6 月 11 日于全国农业展览馆

葡萄酒与文旅融合发展的路径

葡萄酒文旅的概念及特征

葡萄酒文旅的概念

葡萄酒文旅指基于葡萄酒产区的自然生态、历史文化、酿酒葡萄品种及种植基地、酒庄葡萄酒酿造及相关知识进行的观光体验等综合性活动，包括种植、采摘、品酒、餐饮、住宿、游览等一日或更长时间的娱乐活动，旨在了解葡萄酒产区及酒庄的风土文化和生产生活方式。

葡萄酒文旅的特征

葡萄酒产业涉及一、二、三产业，一产是基础、二产是重点、三产是关键。如果产区与企业只做一产，就是 1.0 版；如果只做二产，就是 2.0 版；如果只做三产，就是 3.0 版；如果三次产业融合，就是 4.0 版。

世界各知名葡萄酒产区都具有生态约束性（不可复制性）、地域聚集性、产业关联性、历史文化属性及可持续性等特征。葡萄酒文旅的特征主要表现为融合性、体验性、教育性、文化性、品位性、猎奇性六个方面。

❧ 世界葡萄酒文旅的发展

世界十大葡萄酒文旅目的地

葡萄酒文旅一直是葡萄酒产业的重要组成部分。1950 年，法国推出了阿尔萨斯葡萄酒之路，旨在将品鉴美食与美酒的乐趣与参观城镇、城堡、酒庄、葡萄园、博物馆等相结合。

20 世纪 90 年代，葡萄酒旅游在欧美、南太平洋等国家和地区快速发展，产生了许多知名的葡萄酒旅游目的地。

2021 年，全球葡萄酒旅游组织（GWTO）授予宁夏"全球葡萄酒旅游目的地"称号。2021 年 11 月，德国盖森海姆葡萄酒大学同世界葡萄酒旅游网联合调查了全球 42 个国家的葡萄酒旅游发展，发布了世界十大葡萄酒旅游目的地，分别为：法国勃艮第产区、法国波尔多产区、意大利托斯卡纳产区、西班牙里奥哈产区、德国摩泽尔产区、葡萄牙杜罗河产区、阿根廷门多萨产区、澳大利亚巴罗萨

谷产区、智利中央山谷产区、美国纳帕谷产区。

法国葡萄酒文旅的发展

葡萄酒文旅起源于法国，根据法国旅游发展署统计，葡萄酒和美食是 40% 以上外国游客到访法国的重要诱因。

法国在发展葡萄酒文旅的实践中，勃艮第产区和香槟产区的葡萄酒之路最为突出，随后几乎所有产区都竞相推出葡萄酒之路，这些道路与沿线的历史遗迹、博物馆、旅游景点、本地美食、特色节庆等完美融合，提供吃住行、游购娱的丰富体验。

法国的经验和启示：一是有雄厚的产业基础（十大产区及酿酒葡萄种植大国、葡萄酒酿造大国）；二是旅游资源丰富、设施完善，将自然景区、文化景区同葡萄酒生产联结起来；三是持续创新与完善，各类高素质人才协同支撑；四是坚持风土特色，产区及酒庄举办丰富的葡萄酒文化活动；五是政府给予大力支持。

美国葡萄酒文旅的发展

16 世纪，欧洲人来到美洲，开始酿酒葡萄品种引进种植与葡萄酒酿造，现发展规模仅次于法国、意大利和西班牙，是新世界最主要的葡萄酒生产国。

加利福尼亚州是美国最大的葡萄酒产区，种植葡萄品种超过 40 个，年接待游客近 2000 万人次。其中，纳帕谷产区第一家酿酒厂始建于 1861 年，1976 年发生葡萄酒历史上的重大事件"巴黎审判"，纳帕谷葡萄酒一战成名，葡萄酒文旅成为当地一张世界级名片。

美国的经验与启示：一是重视产业研究与新技术应用（加州大

学戴维斯分校葡萄栽培与酿酒学院和加州州立大学弗雷斯诺分校葡萄栽培与葡萄酒酿造研究中心）；二是立足风土品种，集成应用新技术与新装备，确保葡萄酒品质；三是通过旅游带动品牌宣传与葡萄酒销售，建成集特色葡萄酒生产、加工、销售、旅游观光为一体的旅游区；四是坚定走绿色持续发展之路，建立国家风景游径、国家休闲游径、国家历史游径等国家游径系统。

❦ 中国葡萄酒与文旅融合的路径

中国葡萄酒文旅的发展

经过数十年的发展，中国宁夏、山东、新疆、北京、云南、河北等葡萄酒产区以其独特的地理区位、良好的气候条件、丰富的旅游资源等成为葡萄酒旅游目的地。特别是宁夏坚持酒庄基地一体化经营，其葡萄酒产业发展从文旅特征分析，就是三次产业的融合，是葡萄酒与文旅融合的 4.0 版，引领了中国葡萄酒高质量发展。

中国葡萄酒与文旅融合存在的问题

一是葡萄酒产业内外部的融合意识不够；二是资源比较分散、链条尚未形成；三是葡萄酒文旅挖掘深度不够；四是缺乏专业性葡萄酒文旅服务；五是基础建设有待加强完善；六是智慧旅游与核心吸引物不足。

中国葡萄酒与文旅融合的路径

一是将葡萄酒产区与酒庄、葡萄酒整合，提供丰富的周边产品供给。建设葡萄酒产区文化展示中心，以产区风土、品种与文化讲好葡萄酒品牌故事；以产区规划与标准引领葡萄酒市场鲜明的辨识度与品牌影响力。

二是推进葡萄酒产区区域化、品牌化，形成与文旅融合的有力支撑。以产区多业态融合为示范，促进与新型城镇化及乡村振兴结合；以酒庄为主体，形成酒庄景区、酒庄度假区、研学休闲基地等；重点打造具有影响力的经典体验式葡萄酒旅游路线；举办葡萄酒节庆活动，主题要鲜明、形式要多样、记忆要深刻，创新消费产品、场景，提供沉浸式体验。

三是整合葡萄酒与文旅资源，建设葡萄酒旅游聚集区。构建便捷交通网、数字化平台，提升综合服务能力；统筹推进产区与酒庄开展旅游所需的基础设施配套建设；引进并培养具有国际视野的葡萄酒文旅专业人才。

四是培养壮大引领融合发展的酒庄（企业），同产区联动，推动葡萄酒产业绿色低碳发展。加大国内外招商引资与合作力度，着力引进一批具有创新能力的行业内外企业，投资建设基地、酒庄及开发衍生品；加强政府的引导与政策支持，发挥葡萄酒产业与相关部门之间的协同作用；构建葡萄酒产区绿色低碳生产方式，促进葡萄酒文旅生态友好型发展。

五是搭建国际化专业葡萄酒旅游网站，建立一站式葡萄酒网络营销平台。建立最具传播力的营销渠道，利用小短剧等多种方式讲好中国葡萄酒故事，构建全面市场营销体系。

2023 年 7 月于银川

考察山东、北京、河北葡萄酒产区

🌱 考察基本情况

山东烟台产区。烟台产区是中国现代葡萄酒工业的发源地，也是亚洲唯一的"国际葡萄·葡萄酒城"、国际葡萄与葡萄酒组织（OIV）省级政府观察员。葡萄酒是烟台市乃至山东省的传统优势产业，也是驰名中外的特色产业。烟台葡萄酒历经百年发展，培育出张裕、威龙、君顶、珑岱等一大批龙头企业，有葡萄酒生产企业204家。目前，烟台市有中国酿酒大师2人、酒庄63家，酿酒葡萄园面积近5万亩，是国内不需要冬埋的产区。国内每3瓶葡萄酒就有1瓶来自烟台，烟台葡萄酒年产值占全国葡萄酒年产值的半壁江山，产量、主营业务收入、利润等关键指标领跑全国，年葡萄酒旅游人数达300多万人次。烟台市拥有中国名牌产品3个、中国驰名商标8件、山东省名牌产品10个、山东省著名商标16件、山东省省长质量奖和山东省服务名牌各1个。"烟台葡萄酒"获批地理标志保护产品和地理标志证明商标"双地标"认证产品，品牌价值高达860亿元，稳居中国葡萄酒类榜首，入选"中欧100＋100"互认产品名单。烟台市围绕葡萄酒培育了完整的产业链，全市拥有产业链相关配套企业250多家，产品涵盖产业链各个环节，是中国葡萄酒配套企业数量最多、规模最大、门类最全、链条最完善的产区。

北京房山产区。房山产区是世界上少数坐落于首都的产区，优越的地理位置和突出的区位优势是房山葡萄酒产业能够快速崛起的先决条件。房山产区已建设并投产 19 家酒庄，酿酒葡萄种植园面积 1.5 万亩，其中有 300 亩免冬埋抗寒新品种长势良好，年生产葡萄酒 160 万瓶。房山产区所产的葡萄酒均是在酒庄内进行葡萄种植与采收、葡萄酒酿造与灌装的酒庄酒，品质有保障。房山产区种植园和酒庄虽少，也缺乏大型葡萄酒企业和全国知名品牌，但普遍走葡萄酒与文旅融合发展之路，通过消费者的文旅体验宣传葡萄酒文化，对京津冀地区庞大的消费群体具有很强的吸引力。

河北昌黎产区。河北有怀来、昌黎 2 个产区，本次考察了昌黎产区，当地称为碣石山产区。该产区酿酒葡萄种植面积近 3 万亩，年产酿酒葡萄约 3 万吨，有葡萄酒生产酒庄（企业）28 家、家庭酒堡 12 家。同时，拥有酒瓶制造、彩印包装、酿酒设备制造、橡木桶生产等配套企业 13 家。共有从事葡萄酒产业技术研究和推广的专业人员 600 多人，中国酿酒大师 2 人，国家级评酒委员 38 名，技术力量雄厚。经过多年发展，昌黎产区先后涌现出了长城、茅台、朗格斯、金士等国内外知名品牌，形成了集酿酒葡萄种植、葡萄酒酿造、橡木桶生产、彩印包装、酒瓶制造、酒塞生产、交通运输、物流集散、旅游观光、休闲康养为一体的葡萄酒产业集群，2022 年产业集群实现总产值 43 亿元。昌黎产区先后被有关部门命名为"中国酿酒葡萄之乡""中国干红葡萄酒城"。

山东省港口集团有限公司（以下简称山东省港口集团）。山东省港口集团是山东省国有重要骨干企业，总部位于山东青岛。山东省港口集团拥有青岛港集团、日照港集团、烟台港集团、渤海湾港

集团四大港口集团，青岛港、日照港、日照港裕廊 3 家上市公司。目前，山东省港口集团有 21 个主要港区、360 余个生产性泊位、320 余条集装箱航线；货物吞吐量近 13 亿吨，外贸、矿石、原油、铝矾土、化肥等吞吐量均居全国第一，集装箱量超过 2700 万标准箱，居全国第三；拥有全球领先、亚洲首个全自动化集装箱码头。山东省港口集团是全国最大的葡萄酒进口港，每年中国进口的散装葡萄酒中，有 82% 通过山东进口，而山东的进口量有 96% 通过烟台港进口。

考察组先后考察了山东烟台产区的张裕·卡斯特酒庄、可雅白兰地酒庄、君顶酒庄、珑岱酒庄，北京的莱恩堡、张裕爱斐堡，河北昌黎产区的华夏长城庄园、茅台凤凰庄园、金士酒庄等知名酒庄；考察学习了各产区政府推进葡萄酒产业高质量发展的政策措施，酒庄的建设规划、技术研发、酿造工艺、文化展示、体验旅游、品牌营销等内容。考察组还专门与中国品牌建设促进会就国际葡萄酒品牌中心落户宁夏与建设等进行了研讨座谈。在考察和座谈时，上述产区管理人员、酒庄（企业）负责人、专家学者等均认为，宁夏贺兰山东麓葡萄酒产区具有得天独厚的区位及风土优势，通过酒庄基地一体化的发展模式，能够种出全国最好的酿酒葡萄；利用种酿一体化技术，能够酿出最好的葡萄美酒。考察行程紧凑，内容丰富，交流广泛深入，从葡萄园到酿酒车间，从市场品牌建设到酒文旅融合，从产品设计到销售策略等，对中国葡萄酒前沿进行了全方位"扫描"，考察组一行拓宽了视野，坚定了高质量发展的信心。

❦ 考察的主要收获

需要领军企业引领

主要葡萄酒国家知名产区的发展经验证明，需要在产区内培育一批知名企业引领产业发展。山东烟台产区的张裕、珑岱，河北昌黎产区的长城、茅台，北京房山产区的莱恩堡等企业就是代表。山东烟台产区是近代中国最早发展葡萄酒的产区，产区内张裕历经130多年的发展，现已成为全球第四大葡萄酒企业，涵盖葡萄酒五大产品及产业链相关产品，其主打的中国葡萄酒王——龙谕葡萄酒诞生于宁夏贺兰山东麓葡萄酒产区。2009 年，拥有数百年历史的法国拉菲集团在烟台建立了珑岱酒庄，酒庄只生产珑岱和琥岳两种产品，高端市场供不应求。

需要品牌引领

葡萄酒产区的品牌化、差异化是打造世界知名品牌的基础。2002 年河北昌黎葡萄酒获得中国第一个原产地域产品保护标志，之后是山东烟台葡萄酒，2003 年宁夏贺兰山东麓葡萄酒获得原产地域产品保护标志。品牌化发展的关键是产区化，产区化的基础是优质酿酒葡萄基地。2012 年宁夏颁布了《宁夏回族自治区贺兰山东麓葡萄酒产区保护条例》，河北昌黎产区正在提请秦皇岛市人大通过《秦皇岛市碣石山葡萄酒产区保护条例（草案）》。2020 年，烟台市人大颁布了《烟台葡萄酒产区保护条例》。

张裕、长城、拉菲、保乐力加、轩尼诗等葡萄酒企业在全球葡萄酒界享有盛誉。张裕在全球有 14 家酒庄、拉菲在全球有 8 家特色

酒庄,让消费者一提到葡萄酒就想到张裕、长城、拉菲等企业品牌,在消费者心目中形成了强大的品牌记忆。茅台凤凰庄园依托茅台品牌,2022年销售收入突破5亿元大关。贺兰山东麓产区引入张裕龙谕、长城天赋、酩悦轩尼诗、保乐力加、西鸽、贺兰红等酒庄(企业),同时培育了一批精品中小酒庄品牌,起到了很好的引领作用。

需要产区引领

从国内外葡萄酒产业发展规律来看,"好葡萄酒是种出来的""好葡萄酒,七分在原料,三分在工艺"等理念深入人心。烟台、房山、昌黎产区依托地域、区位等优势,结合当地发展优势,完善产区水电网、道路、林带、旅游等基础设施,为酒庄(企业)高质量发展奠定基础。酒庄(企业)依托完善的基础设施,开展酒文旅融合项目,为酒庄(企业)高质量发展奠定基础。莱恩堡等酒庄还提供应季水果采摘、菜地认养、婚纱摄影、盲盒抽奖等增值服务,满足了顾客需求。

需要科技人才引领

葡萄酒产业需要农业、工业、文化、旅游、市场、品牌、金融等方面人才的支撑。要在产区建立葡萄酒学院,为产区源源不断培养科技人才。国家级评酒委员一半以上在烟台,1/4在昌黎。贺兰山东麓产区在高端葡萄酒产业型人才方面缺位比较多。张裕白兰地酿酒大师张葆春、君顶酒庄总经理邵学东、莱恩堡酒庄生物育种专家邹福林等数十年精心干好一件事,在业界成果丰硕,其专业、精诚、忘我的奉献精神令人难忘。

需要政策制度保障

葡萄酒产业具有跨行政区域、跨自然地理、跨国内外市场等特点，需要产区全方位的政策制度保驾护航。烟台产区出台了《关于促进烟台葡萄酒产业高质量发展的实施意见》，制定了《烟台市葡萄酒产业链"链长制"实施方案》《关于推动烟台葡萄酒产区建设的实施方案》。房山产区出台了《"紫色家园"国家级田园综合体建设试点实施方案（2021—2023 年）》，制定了《房山葡萄酒葡萄生产技术规范》。昌黎产区制定了《昌黎县葡萄酒产业发展扶持政策》，每年县财政拿出 500 万元的资金给予支持。产区政策的出台，保证了当地葡萄酒产业的总体稳定。

❧ 几点建议

山东、北京、河北等产区起步早，地域优势独特，距消费群体近，具有发展特色酒庄的根基。贺兰山东麓产区风土特点明显，葡萄酒品质优良，产业集群发展，具有发展高端精品酒庄的潜力。要发挥综试区先行先试的勇气，在严格实行产区保护制度、构建葡萄酒品质分级体系、健全促进产业发展的保障体系、注重葡萄酒品牌培育与市场推广等层面共同支撑葡萄酒品牌化发展。各产区应齐心协力，发挥优势，突出特色，共同促进中国葡萄酒产业高质量发展。

一是严格实行产区保护制度。首先，根据土壤、光照、温度、水等生态资源条件，将适合酿酒葡萄栽种的区域划定为多个优势子产区。其次，根据划分的优势子产区确定合理的品种结构，考虑葡萄品种在不同区域的生态适应性、栽培适应性及酿酒特异性，使得

不同子产区酿造出不同风格、不同类型的葡萄酒。最后，在宁夏贺兰山东麓葡萄酒产业园区管理委员会建立法定的产区管制系统，在地理区划、葡萄品种、栽培标准、产品销售等方面制定严密、完善的管理办法。

二是构建葡萄酒品质分级体系。法国葡萄酒品质由低到高依次是日常餐酒、地区餐酒、优良地区餐酒、法定产区葡萄酒，这一品质分级体系值得我们学习借鉴。日常餐酒可用法国同一产区或不同产区的葡萄酒调配而成；地区餐酒由最好的日常餐酒升级而成，必须在葡萄酒标签上标示的特定产区、在符合规定的条件下生产；优良地区餐酒对原料、品种和酿酒工艺有更高的要求，通常在天然、无污染、纯手工的条件下生产，并附加独特的酒庄品牌文化；法定产区葡萄酒使用的葡萄品种、最高产量、培植方式、修剪及酿造方式、

最低酒精含量都受到严格的监控，包括土质、坡度和朝向均是品质分级的重要因素，勃艮第产区比较典型。

三是健全促进产业发展的保障体系。产区政府要从宏观层面协调推动葡萄酒与相关产业融合发展，积极制定葡萄酒旅游业发展规划及相关政策，提供资金推进人才培训与品牌推介。行业协会要发挥行业自律与支撑协调作用，向葡萄种植者和酒庄（企业）提供技术咨询、指导生产、组织培训、制作广告、举办品酒会和酒业博览会等服务。在产业集群发展技术与人才支撑方面，要办好产区葡萄酒学院，专业覆盖葡萄酒相关的法律、管理、技术、科研等方面；组建好产业技术协同创新中心，面向所有葡萄种植者、酒庄（企业）、专业合作社和酒商，具有较强的权威性。

四是注重葡萄酒品牌培育与市场推广。葡萄酒品牌有产区品牌、酒庄品牌与产品品牌，贺兰山东麓产区要在世界上产生强大的影响力，政府、协会、企业、酒商要协同发力，营造产区葡萄酒高质量发展的良好氛围并实施一系列品牌培育措施，组织产区内企业参加国内外有影响力的酒类专业展览；依托两个国家平台及国际葡萄酒品牌中心，举办好宁夏贺兰山东麓国际葡萄酒大赛；创新营销方式，举办品酒会和酒业博览会等活动，坚持走品牌化高质量发展之路，把贺兰山东麓培育成具有我国本土特色和核心竞争力的高端产区和优质品牌。

2023 年 3 月

（王紫云、赵世华、张宝明、马文婷参加考察，

张宝明、马文婷执笔）

考察云南、新疆葡萄酒产区

考察基本情况

云南葡萄酒产区。云南葡萄酒产区主要集中在弥勒市、梅里雪山、德钦县、蒙自市、东川区和呈贡区等地，地跨澜沧江、金沙江、怒江三大水系，分散分布在北纬21°~28°。香格里拉产区葡萄种植区域位于金沙江、澜沧江河谷流域，呈阶梯状排列分布，海拔1700~2800米，具有河谷小气候特点；年平均气温15.2~16.5℃，≥10℃有效积温4600~5300℃，无霜期230~240天，年日照时数1937~1743小时，年均降水量300毫米左右，干燥度≥2；土壤富含各类矿物质，有机质含量高，通透性好。葡萄冬季不用埋土防寒。

种植的葡萄品种有赤霞珠、美乐、西拉、马尔贝克、霞多丽、威代尔等20多个，现已建成酿酒葡萄种植基地近10000亩，有16家酒庄（企业）。代表性酒庄（企业）有香格里拉酒业、敖云酒庄、帕巴拉酒庄等。

新疆葡萄酒产区。新疆葡萄酒产业历史悠久，底蕴丰厚，有天山北麓、伊犁河谷、焉耆盆地、吐哈盆地四大葡萄酒产区。截至2022年底，新疆酿酒葡萄种植面积约30万亩，酿酒葡萄产量约21万吨，目前有酒庄134家。本次考察了焉耆盆地、天山北麓两个产区。

天山北麓产区位于北纬 44°，南有天山相隔，北有准噶尔盆地，位于天山北麓中部绿洲经济带。具有温带大陆性气候，年均温 7.2 ℃，年日照时数 2800 小时，≥ 10 ℃有效积温 2200 ℃以上，年均降水量 200 毫米。土壤多为砾石沙壤土，矿物质含量丰富，土层结构多样，透气性好。产区酿酒葡萄种植面积达到 3 万亩，平均亩产可达 1000 公斤。同时建立限产园，建成每亩产量 600 公斤、800 公斤标准化示范园 3500 亩，株行距一般为 1 米 ×3 米。葡萄整形方式为双主蔓扇形、多主蔓扇形和单主蔓水平形。产区引进了 85 个优良酿酒葡萄品种（品系），经过系统研究与试种，筛选出赤霞珠等 10 个优良品种（品系），主栽品种为赤霞珠、美乐、马瑟兰、霞多丽、贵人香和小芒森等。

焉者盆地产区位于北纬 42°。年均温 8.5 ℃，≥ 10 ℃有效积温 3511 ℃，平均无霜期 185 天，年日照时数 2980 小时，年均降水量不到 100 毫米，冬季严寒，春季气温回升迅速，夏季气温温和，是南北疆气候交错带，具有典型干旱区绿洲气候特征。产区酿酒葡萄种植面积近 7 万亩，有酒庄（企业）29 家，代表性酒庄（企业）有乡都酒业、天塞酒庄、中菲酒庄等，有葡萄籽、皮渣加工企业 1 家。主栽品种有赤霞珠、美乐、霞多丽、贵人香、西拉等 27 个（45 个品系）。2015 年"和硕葡萄酒"获得国家地理标志产品认证，15 家酒庄成功申报"和硕葡萄酒"专用标志。

考察组先后实地考察了云南敖云酒庄、香格里拉酒业，新疆乡都酒业、天塞酒庄、中菲酒庄、冠颐酒业、国菲酒庄、中信国安葡萄酒业、香海庄园等代表性酒庄（企业），考察学习了产区政府推进葡萄酒产业高质量发展的政策措施以及企业成长与品牌培育情况。

这次考察学习西部地区葡萄酒产业现状和发展趋势，更加增强了宁夏发展高品质酒庄酒的信心和决心。

❦ 考察的主要收获

一是独特的风土资源，成就高端精品酒庄。香格里拉产区未来面积最多 2 万亩，梅里雪山和白马雪山使该产区不受印度洋季风性气候的影响，酿酒葡萄种植区域分布在金沙江和澜沧江河谷流域，海拔 1700～2800 米，地质结构复杂，立体气候特征明显，东西坡气候差异显著，土壤随海拔、坡向可划分为 9 个分布带，土质疏松，耕作层深厚肥沃。香格里拉酒业、敖云酒庄等就坐落在此区域。该产区具备生产高端葡萄酒的气候、土壤条件，是中国乃至世界上最具潜力的产区之一。焉耆盆地产区北靠天山主脉，南濒全国最大的内陆淡水湖 —— 博斯腾湖，种植酿酒葡萄具有得天独厚的山地小气候和水域岸边小气候特点，再加上天山雪水灌溉，发展空间大，具备生产优质酿酒葡萄的风土条件。天塞酒庄、乡都酒业、国菲酒庄等就坐落于此区域。天山北麓产区南有天山相隔，北有准噶尔盆地，葡萄园位于绿洲经济带，风土资源独特，天山冰川融水可调控灌溉，有利于生产优质酿酒葡萄。中信国安葡萄酒业、香海庄园等就坐落于此区域。

二是独具风格的品质，成就高质量葡萄酒。香格里拉产区分布于金沙江、澜沧江流域，气候、海拔、坡向、土壤等要素具有多样性，生产的葡萄酒风格随产地不同而多样，产品质量上乘，市场前景广阔。焉耆盆地产区和天山北麓产区分布于天山南麓、北麓，夏季干燥，冬季严寒，光照充足，降水量少，生产的葡萄酒香气馥郁芬芳、色泽鲜艳，已形成涵盖干红、干白、甜型、起泡、桃红、烈酒等种类齐全的优质产品。该产地规模大，发展空间广阔，缺陷是距国内消费市场远。

三是著名品牌的加入，成就葡萄酒产业。香格里拉产区引进的世界著名品牌酩悦轩尼诗建设了敖云酒庄，带动华致酒行参股香格里拉酒业，同时带动近 20 家企业投资葡萄酒产业。新疆产区引入中信、长城、张裕等著名企业，建设了中信国安、张裕巴保男爵、长城（新疆）等酒庄，带动培育了乡都、中菲、天塞、冠颐等本土酒庄品牌，并带动近百家企业投资葡萄酒产业。这些酒庄（企业）推进了云南、新疆葡萄酒产区的建设及中国西部葡萄酒产业规模发展。

❧ 几点建议

云南、新疆葡萄酒产区同宁夏贺兰山东麓产区一样，都处于我国西部地区，发展高质量葡萄酒产业的气候、土壤等优势条件突出，但远离长三角、珠三角等国内主要葡萄酒消费市场的劣势也很突出，一定程度上影响了产区风土文化、品种酒种、技术标准、市场品牌等产业要素的形成与集聚。现阶段中国葡萄酒产业短板、缺陷和优势、潜力相互作用，建设世界一流的葡萄酒产区始终是葡萄酒市场的核心竞争力，如何推进西部葡萄酒产业扬长板、补短板、提质量、树品牌、拓市场、全产业链协同持续发展，是中国葡萄酒产业，也是宁夏葡萄酒产业目前需要认真研究的问题。

一是进一步提升葡萄酒产区力。"好葡萄酒是种出来的""好葡萄酒，七分在原料，三分在工艺"等，都体现了葡萄酒产区的重要性。宁夏在国产葡萄酒产量连续十年下降的趋势下，能逆势而上，是因为有自治区党委、政府的坚强领导，有国内首个促进葡萄酒产区发展的条例和规划《宁夏回族自治区贺兰山东麓葡萄酒产区保护条例》《宁夏贺兰山东麓葡萄酒产业高质量发展"十四五"规划和2035年远景目标》，有比较完善的种酿技术标准体系，坚持酒庄基地一体化、种酿技术一体化的酒庄酒发展模式。中国及宁夏产区要在政策法规上加强引导，在人才培育及技术研发上增强动力，在企业市场品牌上激发活力，塑造特点鲜明的产区品牌形象，重点培育能带动基地建设的领军企业及酒庄集群，扩大葡萄酒产业规模，提升葡萄酒质量，打造世界一流葡萄酒产区。

二是进一步提升葡萄酒企业力。酒庄（企业）始终是葡萄酒产业高质量发展、走向国内外市场的主体，打造一批有世界影响力的领军企业与高品质酒庄集群，成为中国及宁夏产区高质量、品牌化发展的主要任务。领军企业要有创新、引领能力，要有同产区共同推进葡萄酒产业可持续发展的责任感与认同感，调整优化葡萄酒产品结构与价格体系，增强市场竞争力，引领宁夏葡萄酒产业高质量发展。

三是进一步提升

葡萄酒品牌力。中国及宁夏产区怎么样让风土优势、品质优势转化为葡萄酒价值优势、市场优势？让国内外消费者对产区与产品认可，靠什么？一是靠优质稳定的品质，二是靠产区与产品品牌的影响力。政府应集中力量打响产区品牌，讲好历史文化、风土品种等故事，让更多消费者知道宁夏能产出世界一流品质的葡萄酒；酒庄（企业）应下大力气把葡萄酒品牌做响，让消费者喝到的葡萄酒品质是喜欢的，也是优质的，从而认准你的品牌。要用精益求精、追求卓越的产区价值、企业文化提升葡萄酒品牌影响力，实现高质量发展。

四是进一步提升葡萄酒人才力。做强做大一个产业、一个企业，人才非常关键。中国及宁夏葡萄酒产业目前所表现出的问题集中在管理、种植、酿造、营销、品牌等方面的人才不足或不能满足产业高质量、市场品牌化发展对人才素质的要求。要实现"当惊世界殊"的目标，宁夏一定要高质量办好宁夏大学葡萄酒学院、宁夏葡萄酒与防沙治沙职业技术学院、宁夏贺兰山东麓葡萄酒教育学院三个人才培养平台，打造好宁夏贺兰山东麓葡萄酒产业技术协同创新中心，选拔培养本土领军人才，推进酒庄（企业）建立留住人才的现代企业制度，不断扩大人才的国内外交流合作，拓宽其视野，让更多的研究成果、专家学者落到宁夏产区与企业，引领中国及宁夏葡萄酒高质量发展。

2023 年 5 月

（王紫云、赵世华、赵小鹏、苏龙、伊国涛参加考察，

马文婷、张宝明执笔）

宁夏枸杞产业大跨越

宁夏枸杞是我国的特色产品，也是《本草纲目》与《中华人民共和国药典》唯一指定的栽培品种，有近千年的人工栽培历史，属药食同源产品，具有抗氧化、防辐射、抗疲劳、滋阴补肾、养肝明目等功效。随着我国社会经济的快速发展和对外开放的不断扩大，国内外消费者对枸杞产品的需求越来越多元化，推进了宁夏乃至我国枸杞产业快速发展。

❤ 西部枸杞产业大放异彩

近几年，宁夏枸杞在我国种植面积快速扩大。据不完全统计，截至 2013 年底，全国主要枸杞产区种植面积 202 万亩，枸杞干果产量 24.7 万吨，每年以 15 万～20 万亩的速度增加。新品种的不断培育推广，加速了传统品种的更新换代，每年以 10 万～15 万亩的面积更换新品种。枸杞主要在宁夏、甘肃、青海、新疆、内蒙古、河北六个省区种植，湖北、辽宁、山西、河南、西藏、山东等省区有零星种植。

宁夏产区：种植面积 85 万亩，产量 13 万吨，实现总产值 50 亿元，主要分布于以中宁县为核心，以清水河流域与银北地区为两翼的中宁县、同心县、红寺堡区、海原县、原州区、惠农区、平罗县、南梁农场、芦花台园林场等地。

甘肃产区：种植面积35万亩，产量4万吨，主要分布于靖远县、景泰县、瓜州县、民勤县、凉州区、古浪县等地。

青海产区：种植面积37万亩，产量2.3万吨，主要分布于都兰县、德令哈市、格尔木市、乌兰县等地。

新疆产区：种植面积25万亩，产量2.4万吨，主要分布于博尔塔拉蒙古自治州、昌吉回族自治州和塔城市等地。

内蒙古产区：种植面积8万亩，产量1.2万吨，主要分布于乌拉特前旗、杭锦后旗、托克托县与通辽市等地。

河北产区：种植面积12万亩，产量1.8万吨，主要分布于巨鹿县、辛集市和青龙满族自治县等地。

❖ 新品种助推枸杞产业发展

宁夏产区枸杞栽培品种多，科研人员在小麻叶、大麻叶的基础上选优复壮，不断选育出优良新品种，主要有"宁杞1号""宁杞2号""宁杞3号""宁杞4号""宁杞5号""宁杞6号""宁杞7号""宁杞菜1号"等品种，这些品种都通过了枸杞良种审定。科研人员还采用杂交、选优、航天、分子等多项育种技术，陆续推出了0901、0909、06-16等优良新品系。目前，在宁夏栽培规模大的品种有"宁杞1号""宁杞4号""宁杞7号"，"宁杞5号"近两年也有了一定规模种植。宁夏为不断提升枸杞新品种选育能力，启动了枸杞育种专项，宁夏农林科学院国家枸杞工程技术研究中心承担宁夏枸杞育种分项，计划用5年时间投入近3000万元，打造宁夏枸杞新品种选育高地。

甘肃、青海、新疆、内蒙古等枸杞产区规模栽培的品种主要是"宁杞1号""宁杞7号"。甘肃产区到目前为止还没有自己选育的枸杞品种，主要引进宁夏的枸杞新品种栽培。青海产区引进了"宁杞1号""宁杞7号"等并通过了良种审定，还选育并审定了"柴杞1号""柴杞2号""青杞1号"3个当地新品种，但到目前为止还没有规模化推广。新疆产区选育并审定了"精杞1号""精杞2号"，引进了"宁杞5号""宁杞7号"，"宁杞7号"近两年在新疆有较快的发展。河北产区主要种植的是当地选育的"架杞"，发展规模最大，小规模发展的有"韩国枸杞"，小面积种植的有"宁杞1号"以及中国科学院与沧州市林业局合作选育的"盐杞"与"海杞"新品系。内蒙古产区选育并审定了"蒙杞1号"，推广面积最大的是"宁杞 1 号"以及中国科学院与内蒙古绿洲公司合作选育的"中科绿川 1 号"。湖北省在宁夏枸杞与当地枸杞品种的杂交选育方面做了一些工作，有当地适生新品系选出推广。

❖ 质量标准体系提升宁夏枸杞竞争力

为保证枸杞产业实现"源头阻断，过程控制，末端治理"的目标，宁夏先后制定了 GB/T 18672—2002《枸杞（枸杞子）》、GB/T 19742—2008《地理标志产品　宁夏枸杞》、NY/T 1051—2006《绿色食品　枸杞》、NY/T 5249—2004《无公害食品　枸杞生产技术规程》等国家标准、行业标准、地方标准和企业标准 50 余项，建立了枸杞生产质量认证、加工、包装、销售等多个环节的质量保证体系。制定国家标准 3 项、行业标准 5 项、地方标准 27 项，涉及枸杞产品质量、种植技术、贮藏与加工、监测技术等产业链全过程。这些标准使宁夏枸杞的新品种、研究成果、良好经验、先进装备集成转变为良好的规范，并应用到新品种推广、苗木繁育、科学建园、量化修剪、精准施肥、节水灌溉、病虫害防治、采收制干、贮藏加工等生产过程中，完成和通过了一批产区与企业无公害食品、绿色食品、有机食品和宁夏枸杞国家地理标志产品的认证，建成了国家级出口食品农产品质量安全示范区——中宁县出口枸杞质量安全示范区，提高了宁夏枸杞产品质量和产量，增强了宁夏枸杞产品在国内外市场的竞争力。沃福百瑞枸杞产品通过了美国 USDA 有机认证、欧盟 EU 有机产品认证和日本 JAS 有机产品认证；百瑞源等公司应用枸杞鲜果保鲜技术将枸杞鲜果打入中高端市场，销往北京、上海、

广州、山东等近 20 个省（区、市）。在 2012 年宁夏枸杞产品出口近 3000 吨的基础上，2013 年宁夏枸杞及其系列产品出口近 4000 吨。枸杞生产标准的应用推广，有力地促进了宁夏枸杞产业的长足发展。

❀ 龙头企业带动枸杞产业持续发展

宁夏枸杞产区是我国唯一的国家地理标志产品保护示范区，以产区为依托，培育了以枸杞干果、果汁、果酒、籽油、芽茶等产品为主的各类销售、加工企业超过 200 家。据不完全统计，规模加工流通企业超过 60 家，枸杞加工转化率近 15％，85％ 以上的枸杞产品仍以枸杞干果销售到国内外市场，发展各类枸杞专业合作社近 100 家。2001 年成立了宁夏枸杞协会。由宁夏农林科学院国家枸杞工程技术研究中心牵头，联合全国 19 家枸杞企业，组建了枸杞产业技术创新战略联盟，被科技部列为产业联盟重点培育对象。早康枸杞股份有限公司挂牌全国中小企业股份转让系统，成为新三板大规模扩容后首批挂牌的 268 家企业中唯一一家枸杞生产加工企业。宁夏红枸杞产业有限公司坚持创新、厚积薄发，实现了品牌升级，"传杞"系列枸杞干红果酒深受消费者欢迎。宁夏厚生记枸杞饮品股份有限公司开辟枸杞能量饮品市场，还签约组建了宁夏杞动力足球队，传递"杞动力"与健康运动的紧密联系。宁夏百瑞源枸杞产业发展有限公司通过创新驱动、文化引领，实现了枸杞研发、种植、加工、营销和文化"五位一体"全产业链模式的构建，打造了从田间到舌尖的安全体系，企业规模快速壮大。奇正藏药与宁夏农垦集团合作组建了宁夏奇正沙湖枸杞产业股份有限公司，拓展了宁夏枸杞加工新领域。宁夏还培育了一批增长潜力大的中小枸杞流通加工企业，围绕枸杞全产业链，科学准确定位，推进枸杞产业持续发展。

❦ 产区与市场品牌联动

2013 年，宁夏加大对枸杞产业的投入力度，枸杞种植规模、新品种推广范围不断扩大，产品品质稳步提升，销量和产值大幅增加。宁夏进一步规范宁夏枸杞国家地理标志产品保护示范区品牌的管理，培育提升了企业品牌。宁夏出口枸杞及其制品创汇 3598 万美元，出口到 40 多个国家和地区。淘宝网等网上有宁夏卖家近万个，其中 80％ 的商家在销售枸杞，网上枸杞销售额突破 3 亿元。宁夏枸杞协会组织中宁枸杞产业集团等 10 家枸杞企业参加由国家林业局、浙江省人民政府举办的中国义乌国际森林产品博览会，在博览会上刮起了宁夏枸杞红色旋风，受到组委会的嘉奖。2013 年，中宁国际枸杞交易中心进一步提升年交易量，枸杞干果及系列产品交易量达 7 万吨以上。中宁县有 9 家枸杞生产加工企业建立了配送中心，年配送总量达到 1.5 万吨。中宁枸杞在全国 136 个城市建立了 1500 余个销售点，在 21 个大中城市建立了近百家中宁枸杞专卖店。深入挖掘宁夏枸杞历史文化、中医药文化、饮食保健等丰富内涵，用文化塑造宁夏枸杞产区与特色品牌。开通中国枸杞网，大力推介宁夏枸杞国家地理标志产品保护示范区品牌和国家证明商标 —— 中宁枸杞品牌，以地域品牌培育企业品牌，培育了宁夏红、中宁枸杞、百瑞源 3 个中国驰名商标，一批枸杞企业品牌在国内外市场上影响力进一步扩大。

❦ 政策引领产业快速发展

自治区党委、政府始终把枸杞产业作为战略重点发展，1997年以来，相继实施了"优质名牌枸杞基地""无公害枸杞行动计划""南移北扩工程"等项目，制定了相应发展政策，引领宁夏枸杞产业经历了规模扩大、质量提升、区域布局、产业化发展4个阶段。2004年为推进宁夏枸杞全面产业化发展，自治区人民政府下发了《关于加快枸杞产业发展的实施意见》，明确了枸杞产业作为宁夏战略性主导产业的地位，从良种苗木、高标准基地、加工转化、科技创新、企业培育、社会化服务、市场品牌等全产业链来培育壮大枸杞产业。2013年自治区人民政府又专门出台了《关于发展壮大枸杞产业的若干意见》，宁夏林业厅依据该意见编制了《宁夏枸杞产业优化升级发展规划》，从产区保护、质量监管、新品种选育、出口基地培育、产业集群培育、市场品牌提升等关键环节对枸杞产业进行优化升级，有力地推进了宁夏枸杞产业向规模化、标准化、国际化、机械化、信息化、品牌化"六位一体"方向发展。

总之，宁夏枸杞是我国传统中医药文化的重要组成部分之一，具有独特的产地条件以及资源、人力、技术优势，发展潜力巨大，也引领了全国相关产业的发展。宁夏立足国内与国外两个市场，坚持品种与产品两个创新，培育产地与企业两个品牌，坚定国际化与标准化两个目标，让宁夏枸杞走向世界，为人类健康做出了应有的贡献。

《中国林业产业》2014年第4期

后 记

2021 年，《梦想随笔》作为中国工程院院士牵头的中国工程科技发展战略宁夏研究院重大战略咨询项目"宁夏贺兰山东麓葡萄酒产业发展战略研究"内容的一部分，整理编印后，因内容的时代性、实践性、指导性、知识性，受到了酒庄企业、专家学者、葡萄酒管理者及相关领导等的欢迎、关注和肯定。

2021 年，经国务院同意，宁夏国家葡萄及葡萄酒产业开放发展综合试验区落地贺兰山东麓；首届中国（宁夏）国际葡萄酒文化旅游博览会在宁夏银川举办。两个国家平台落户宁夏，标志着宁夏葡萄酒产业高质量发展成为国家战略，也标志着宁夏葡萄酒产业经过 40 年不懈努力与发展，走到了中国葡萄酒产业高质量发展的前列，具备了引领中国葡萄酒走向世界的基本条件，迎来了一个新的转折点。

2023 年，宁夏大学正在申报建立国家葡萄酒现代产业学院，为建设好国家葡萄酒现代产业学院，推进产学研高度融合，学院支持我将《梦想随笔》更名为《梦想·实践》，作为学院的参阅之书正式出版。

2023 年，我有幸考察了山东、河北、云南、新疆等国内主要葡萄酒产区，国内行业学者一致认为，宁夏坚守一流产区建

设及优质原料基地建设是最大的竞争力，坚持酒庄基地一体化发展模式，能够种出全国最好的酿酒葡萄；坚持种植酿造一体化生产技术，能够酿出世界最好的酒庄美酒，探索出了中国葡萄酒产区发展的酒庄酒之路。由此，贺兰山东麓引领了中国葡萄酒品质的提升，贺兰山东麓成为中国最大的酒庄酒产区及最优质的酿酒葡萄产区。两个国家平台落地贺兰山东麓产区，有利于推进世界一流产区建设，这是对推进中国葡萄酒高质量发展、走向世界的贡献。宁夏贺兰山东麓葡萄酒产区已成为中国的代表，其40年的发展成就，得到了国内国际葡萄酒行业的认可与肯定。

这些成绩的取得实在很不容易，有自治区党委、政府始终强有力的领导，有一批国内外专家学者对宁夏的坚守，有一批国内外优秀企业进入宁夏参与葡萄酒产业发展的实践，有宁夏葡萄酒行业百折不挠、协同一致的创新与努力，更有习近平总书记两次视察宁夏时对葡萄酒产业"当惊世界殊"的期望。

宁夏葡萄酒产业发展不负使命，贺兰山东麓已成为中国乃至世界优质酿酒葡萄和中高端酒庄酒的聚集区，贺兰山东麓葡萄酒已成为造福百姓、带动开放、涵养生态的明星产品。

目前，受国际国内经济的影响，国内市场上国产葡萄酒与进口葡萄酒仍在下行，市场竞争更加激烈，贺兰山东麓产区与酒庄（企业）面临着更大的挑战。越是艰难，越要建设好优质葡萄园，酿造出品质一流的葡萄酒，要借宁夏国家葡萄及葡萄酒产业开放发展综合试验区建设之势，促进宁夏酿酒葡萄品种结构优化、优质葡萄园升级，调优产品结构，推动葡萄酒产业高质量发展。

宁夏葡萄酒产业高质量发展，应借鉴新旧葡萄酒国家及知名葡萄酒产区的历史发展经验，在技术创新与集成应用上下功夫，将宁夏贺兰山东麓葡萄酒产业技术协同创新中心打造成产业创新、人才集聚、成果转化的高地，提升产区自主创新能力；2021年启动了"宁夏葡萄酒产区布局区域化、标准化生产技术体系构建与应用"等一批重点成果转化与研发项目，沿产业链、创新链布局人才链，推进葡萄酒产业项目、平台、人才一体化统筹布局。

宁夏葡萄酒产业高质量发展，应在充分发挥产区风土与适宜品种两个优势上下功夫，研究水分胁迫、肥力胁迫、盐碱胁迫、温度胁迫、埋出土胁迫等的作用，以及对酿酒葡萄及葡萄酒产量与品质的影响，集成应用适合产区优质生产的栽培酿造技术。

宁夏葡萄酒产业高质量发展，应在葡萄酒产业对外开放上下功夫，先行先试技术标准与制度机制，做优产区与品质、做强企业与品牌，将国际葡萄酒品牌中心打造成国内外葡萄酒市场品牌与文化的推广高地，扩大宁夏产区在国内外的影响力。

宁夏葡萄酒产业高质量发展，应在葡萄酒产业综合效益提升上下功夫，坚持绿色、高端、智能、融合发展理念，2021年启动了"宁夏贺兰山东麓葡萄酒园区碳资产核算及示范"重点研发计划，目的是构建葡萄酒产业绿色低碳生产方式。以国内市场为主体，放眼国际市场，把握葡萄酒产业科学发展规律，

补齐短板弱项，加长长板强项，构建产区标准化生产技术体系，酿造出世界一流的酒庄美酒。

宁夏葡萄酒产业高质量发展，应在葡萄酒产业融合发展上下功夫，推进葡萄酒生产要素创新性配置，促进与文旅、体育、教育、生态等的融合；增强中国葡萄酒产业自信、文化自信、品质自信和品牌自信，在创新与文化、人才上协同发力，拓展中国葡萄酒的国内外市场，提升宁夏贺兰山东麓葡萄酒产区影响力。

本书在编写出版过程中得到了宁夏大学葡萄酒与园艺学院（葡萄与葡萄酒现代产业学院）、宁夏贺兰山东麓葡萄酒产业技术协同创新中心、宁夏贺兰山东麓葡萄酒产业园区管理委员会等的大力支持，在此表示衷心的感谢！同时，世界葡萄酒产业发展状况来源于国际葡萄与葡萄酒组织（OIV）2016年、2021年全球葡萄酒产业发展报告；国内葡萄酒产业状况来源于《中国葡萄酒市场年度发展报告（2016—2017）》《中国葡萄酒市场年度发展报告（2018—2019）》等相关资料；照片由宁夏贺兰山东麓葡萄酒产业园区管理委员会提供。特向本书引用资料的研究者、照片的拍摄者致以诚挚的谢意！《梦想·实践》的出版还得到了宁夏贺兰山东麓葡萄酒产业园区管理委员会、宁夏大学葡萄酒与园艺学院、西北农林科技大学葡萄酒学院、中国工程科技发展战略宁夏研究院等单位领导、专家及单位同事的指导与支持，并提出了许多很好的建议。特别是苏丽等同志在帮助整理编辑书稿时，承担了文字、图表输入与文字修订等繁重的工作，并提出了许多好的专业性建议。在此，一同表示感谢。

由于编者水平所限，书中难免存在疏漏与不足，恳请同行和读者批评、指正。

赵世华

2023 年 12 月